JN410118

안과 밖

음춘야 수필집

교음사

더 늦기 전에

꽃들의 이야기, 꽃 속에 있고 새들의 이야기, 새들이 품고 있듯, 내 생활의 편린들 가슴속에 알알이 박혀 있다.

일상은 반복되고 있는 삶의 궤적이다. 때맞춰 화초에 물을 주고 헬스장에서 자전거를 타며, 정년퇴임 후 건강상태가 좋지 않은 남편의 약을 챙기는 것이 시나브로 일상이 된 지 오래다. 내 수필도 일상이 되려면 처음 그때로 돌아가야 한다. 그 거리가 아득하기만 하다. 밤마다 생각이 생각을 낳아도 길은 여전히 오리무중이다. 답답하다. 그래도 나는 무소의 뿔처럼 뚜벅뚜벅 걸어가리라.

위편삼절(葦編三絶)이 떠오른다.

공자가 『주역』을 열심히 읽은 나머지 대나무책을 엮은 가죽끈이 무려 3번이나 끊어졌다는 고사다. 수필과 동고동락하면서 20여 년이 흘렀다. 조용한 밤을 낮 삼아 창작 삼매경에 빠진 적이 과연 셀 수 없을 정도였나. 그 즐거움으로 밥 먹는 것도 잊고 근심마저 잊으며 계절이 바뀌는 것도 모른 채 지내지는 않았는지. 방황과 회의에 빠져 주부도 수필가도 아닌 어정쩡하게 보낸 세월은 없었던가. 스스로 묻고 있다.

세월은 지난 것을 말하지 않고 새로 이룬 것을 보여줄 뿐이다.

백 작품을 한 번 읽기보다, 좋은 작품 한 편을 백 번 읽으라는 가르침.

그 초심으로 돌아갈 것이다.

수필이 일상이 되려면 해야 할 일이 '할 수 있는 일'이 되어야 한다.

오래전 초등학생인 손자가 『어린 왕자』를 읽고 말했다.

"할머니, '중요한 것은 눈에 보이지 않는다'고 해요."

그때 나의 스승은 '바로 너야' 하며 손자를 한참 보듬어줬었다.

그 책, 모서리가 닳도록 보며 내 안의 길을 찾아 다시 정진할 것이다.

더 늦기 전에…….

소소한 일상의 이야기들, 6년 만에 여기 담았다.

창작기금 신청에 힘써준 이민호 선생께 감사드린다. 그리고 아픈 중에서도 묵묵히 지켜보며 격려해준 남편이 더없이 고맙다.

2019년 늦가을에

저자 음춘야

음춘야 수필집

- 차 례
- 머리말

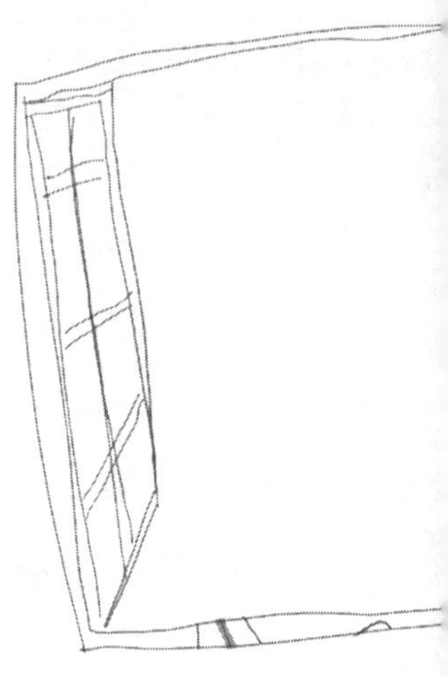

1부 별이 쓰는 시

2부 하루 또 하루

3부 아홉 번째 커브

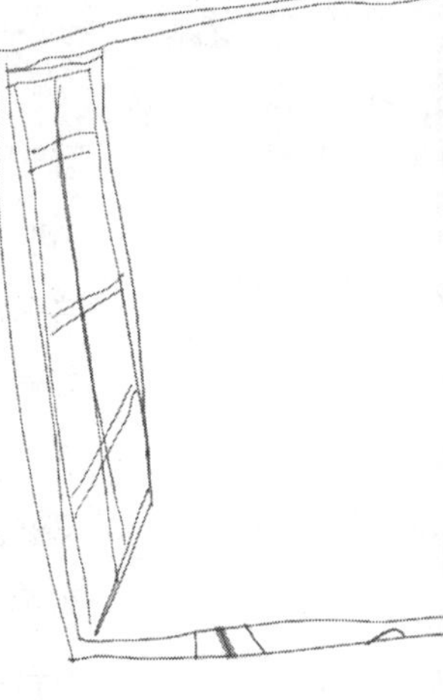

4부 나도 한송이 꽃이다

5부 기지개 켜는 글방

6부 첩첩으로 다함없는

양평 〈내추럴가든529〉에서 저자

1부

별이 쓰는 시

모깃불 피워 놓고
쏟아지는 별을 보고 자란 까닭이었나.
캠퍼스 실험실에서 동기생들 가운데
입학 성적으로 스타가 된 한 남자를 만났다.
하지만 방학이 되면 고향집으로 내려가야 했다.
사흘이 멀다 하고 별과 같은 언어들로
편지가 오갔다.
세상은 온통 파란 하늘이었다.
퍼내고 퍼내도 마르지 않는 언어들이
꿈같이 가득했으나
그것은 차라리 갈증이기도 했다.

바람나고 싶다, 4월은

온통 샤갈의 그림이다. 4월 중순, 대공원의 벚꽃이 절정을 이룬다. 물안개에 살짝 가린 꽃동산은 분홍빛 구름인지 꽃인지. 저만치서 바라보면 더 환상적이다. 게다가 이슬비까지 촉촉하게. 하늘도 땅도 조용하다. 색색의 우산들만 천천히 오간다. 모자로 비를 맞는다. 동행한 친구는 우산을 쓰라고 하지만 풍광을 온전히 조망하고 싶다.

하늘을 날아다니는 꿈같은 작품을 그린 샤갈(Chagall). 사람들의 상상력을 자극시키고 꿈을 꾸게 하는 그림들이 꽃 속에서 꿈틀댄다. 끝없이 연출되는 꽃 무덤은 한껏 몽환적인 분위기다. 아슴푸레한 연분홍빛에 흠뻑 젖은 상상의 나래가 끝 간 데 없이 펼쳐진다.

꿈이란 꿈같은 세상을 동경하는가 하면 때로는 안개나 베일에 한 겹 가린 듯한 신비함에 젖어들게도 한다. 동화적인 어린 시절이 펼쳐지기도 하고 순수한 마음으로 시공을 넘나들며 현실을 잊게도 한다.

늦은 봄날 오후, 옆집 석이와 여럿이 보리밭 고랑을 헤집고 다니며 술래잡기를 했다. 뛰다가 그만 돌부리에 걸려 넘어지고 말았다. 석이가 나를 덮쳤다. 힘껏 밀쳐버리고 냅다 달렸다. 다시는 너하고 놀지 않겠다고 씩씩거렸다. 저녁때 할머니한테 혼이 났지만, 그래도 다음날 여전히 우리 마당에서 또래들이 편을 나눠 자치기, 구슬치기를 하며 놀았다. 사내아이들과의 놀이는 초등학교 3학년 말부터 시나브로 끝이 나고 말았다. 그 뒷날에도 학굣길에 바람 부는 보리밭을 지날 때면 나도 모르게 풋풋한 꿈이 물결치듯 일렁거렸다.

벚꽃의 파노라마는 웨딩드레스를 입은 신부 모습으로 반겨준다. 바람에 실려 오는 은은한 향기가 온몸을 감싸 안으며 발걸음을 붙잡는다. 마음은 밑도 끝도 없이 자꾸만 술렁술렁, 은밀한 사랑을 속삭인다. 호수를 가로지른 다리 난간에 기대서서 바라보는 꽃은 이미 꽃이 아니다. 봄바람 탓인가. 연인의 품속처럼 사뿐히 안기고 싶다. 유혹의 눈빛으로 나를 불타게 한다. 온갖 시름도 나이도 잊게 한다. 행복은 이런 모습인가. 때마침 두루미 한 쌍이 건너편 숲 속으로 날아간다. 아마 그들도 둥지를 틀고 꽃을 피우려나 보다.

비도 그치고 호수의 물결은 더없이 잔잔하다. 주위의 것들이 실루엣으로 다가오는데 영화 '애수(Waterloo Bridge)'의 한 장면이 떠오른다. 주인공 로이(로버트 테일러 扮)는 안개 낀 워털루 다리 난간에 기대서서 오래전 마이라(비비안 리 扮)가 준 행운의 마스코트를 꺼내보며 깊은 회상에 잠긴다. 미남 배우의 애수에 젖은, 고혹적인 모습이 천천히 영상으로 지나가는데 트렌치코트를 입은 남자가 차츰차츰 옆으로 다가오면서 귀엣말을 한다. 리프트를 타고 산 정상에 오르면 전설의 이상향(理想鄕) 아틀란티스에 이른다며 내 손을 잡는다. 두 사람은 나란히 장미원을 지나고 동물원을 지나간다. 드디어 미지의 세계에 닿을 거라며 한껏 부풀어 있는데 저만치 앞서 가던 친구가 소리친다. 거기 난간에 왜 그토록 오래 서 있느냐고. 남가일몽(南柯一夢)에 젖어든 나를 그예 깨우고 만다. 나도 모르게 얼굴이 달아오른다.

벚나무가 높이 축포를 터뜨린 산자락엔 진달래가 진분홍 치장을 하고 개나리는 노란 종을 울려대는 듯하다. 초례청의 든 새색시의 다소곳한 몸가짐이 거기 있다. 연지 곤지 찍고 족두리에 원삼을 입은 신부는 아니었지만 잠자리 날개 같은 웨딩드레스는 눈이 부셨다. 반세기 전, 신부 화장이 벚꽃보다 야했나. 신랑은 신부가 바뀐 줄 알았다고. 그때 그 신부, 삶이라는 캔버스 위에 어떤 그림을 그렸는지. 한 가지 색의 그림보다는 색체의 마술사로 일컫는 샤갈처럼 화려한 색으로 채색한 그림이 더 아름다웠을 텐데. 사랑과 미움, 고통과 인내, 성공과 좌절 등이 대담하게 색칠된 그림이었다면 낯익은 고독과 슬픔이 한결 위로받지 않았을까.

벚꽃의 아쉬움은 양재천으로 발길을 돌리게 한다. 아파트를 끼고 있는 천변은 대공원보다 따뜻한가 보다. 빽빽하게 늘어선 벚나무의 꽃은 어느새 떨어지고 뒹구는 꽃잎들이 푹신할 정도다. 일주일 전, 황홀한 눈빛으로 이 둑에서 저 둑으로 오가며 바라본 꽃이니 그럴 만도 하다. 산책로를 걸으며 다른 꽃들을 찾아본다. 냉이, 쇠뜨기, 제비꽃, 애기똥풀들이 끼리끼리 모여서 피어 있다. 오늘 친구를 불러 벚꽃 길을 함께 걸은 것처럼 이들도 도란도란 정을 나누며 얘기하나 보다.

샤갈은 일찍이 '인생에서 삶과 예술에 의미를 주는 단 하나의 색은 바로 사랑의 색깔'이라고 했다. 사랑은 이 세상에서 모든 것의 시작이요 끝이라고 한다. 벚꽃 닮은 핑크가 그 사랑의 색깔이 아닐까.

4월이면 바람나고 싶다. 마침내 바람이 나서 바람이 되고 싶다. 솔솔바람이 되어 멀리멀리 떠나고 싶다. 벚나무 터널로 다시 발길을 옮긴다. 수북이 쌓인 꽃잎들을 한 움큼 흩날리니 꽃보라가 눈처럼 날린다. 한 번, 두 번, 세 번, 더 높이 더 힘차게. 마음도 바람 되어 꽃잎인 양 춤을 춘다.

4월이 가면 이 바람도 잠이 들려나. (2013. 4)

별이 쓰는 시

하늘도 시를 쓰고 싶은가 보다.

정유년 정월 초닷샛날 저녁 달, 화성, 금성이 일렬로 늘어서는 우주쇼 '행성직렬'이 펼쳐지고 있다. 달·화성·금성의 궤도상 위치가 지구에서 볼 때 같은 방향에 놓인 것처럼 보이기 때문에 나타나는 천문현상이다. 외등을 피해서 보고 또 보았다.

잠시 후 스마트폰을 들고 다시 밖으로 나왔다. 영상이 제대로 잡히지 않는다. 큰딸한테 전화했더니 우리 엄마 열정을 누가 말리느냐며, 엄마나 실컷 보면 되지, 추운데 밖에 나가라고. 그래도 둘째, 셋째, 제주도의 작은손자까지 연락하며 법석을 떨었다.

춥다고 엄살하던 큰딸이 카메라로 촬영한 멋진 작품을 보내왔다. 막내딸도 초등학생인 쌍둥이까지 다섯 식구가 옥상에서

'네 별, 내 별' 하며 사진 찍느라 신바람 났었다고. 사위도 장모님 덕에 모처럼 별을 보게 되었다며 초닷새 달이 그렇게 밝은 줄 처음 알았단다. 둘째딸은 집 근처 호숫가로 나와 멋지게 찍은 사진을 해외 근무 중인 남편한테 보내겠다고 하다가 카메라를 떨어뜨렸다나. 제주도 손자는 날씨가 흐려서 잘 안 보인다며, 각자 연락이 왔다.

모깃불 피워놓고 쏟아지는 별을 보고 자란 까닭이었나. 캠퍼스 실험실에서 동기생들 가운데 입학 성적으로 스타가 된 한 남자를 만났다. 하지만 방학이 되면 고향집으로 내려가야 했다. 사흘이 멀다 하고 별과 같은 언어들로 편지가 오갔다. 세상은 온통 파란 하늘이었다. 퍼내고 퍼내도 마르지 않는 언어들이 꿈같이 가득했으나 그것은 차라리 갈증이기도 했다.

어느 해 여름방학 중 칠월칠석날 두 연인은 한강 인도교에서 만나기로 했다. 스스로 별이 된 견우와 직녀가 한강 다리를 오작교로 삼은 것이다. 흐린 날씨는 간혹 비를 뿌렸다. 우산 하나로 백사장을 걸었다. 모래알 수만큼이나 쏟아내고 싶은 언어가 떠올랐으나 아무 말도 필요 없었다. 가슴은 벅차오르고 시간은 쏜살같았다. 어둠살이 끼기 시작할 때쯤 집으로 돌아오는 버스엔 남자도 말없이 올라탔다. 한 시간 남짓 달린 버스에서 내려 들판 길을 또 걸었다. 초록 일색인 들판, 나무 그늘 하나 없는 무미건조한 길, 처음 걷는 새로운 길이 되었다. 차마 집에는 들어갈 수 없던 그 남자, 마을 어귀에서 발길을 돌리고 말았다.

빈센트 반 고흐의 「별이 빛나는 밤」이 떠오른다. 며느리가 사다준

식탁매트에도 그 그림이 프린트돼 있다. 사이프러스나무는 불꽃처럼 타오르고 교회 첨탑이 보이는 마을에 노란 달과 거대한 별들, 은하수처럼 흐르는 성운(星雲)이 돌개바람처럼 휘몰아친다. 별 하나하나는 심장의 꿈틀거림처럼 빛을 발하고 파란 하늘은 거센 파도처럼 소용돌이친다. 생동감 넘치는 밤이다. 사이프러스 옆의 하얀 별은 금성 같고 달과의 사이에서 보이는 별은 화성처럼 보인다. 자연과 인간을 내면 깊숙이 사랑할 수 있는 사람만이 표현할 수 있는 세계요, 장대한 하늘의 시다.

별은 이상과 동경과 그리움의 대상이다. 고흐는 그 별을 화폭에 담았지만 시인은 시로 노래로 남긴다. 윤동주, 김광섭, 이성선이 그랬다. 별 하나에 어머니를 부르고, 별 하나에 인간의 숙명적인 고독과 운명을 노래하고, 별 하나에 사랑하는 사람 하나 갖기를 소원했다.

별 하나를 갖고 싶다. 별이 빛나고 아름다운 것은, 그것이 빛날 수 있으며 보석처럼 아름다울 수 있도록 하는 그 무엇이 있기 때문이다. 바로 어둠이다. 어둠이 있어야 밝음은 더욱 빛을 발한다. 마음이 외롭고 어두운 밤, 반짝이는 빛으로 길을 비춰주는 별 하나, 그런 사람 하나 있었으면 한다. 하지만 그 이전에 내가 과연 누군가에게 그와 같은 사람이 될 수 있는지, 생각해 볼 일이다. 별이 되고 싶으면 그 별을 비춰주는 사람이 있어야 하고, 별을 갖고 싶으면 자신이 먼저 그 별을 비춰주는 존재가 되어야 한다.

별이 별인 것은 많은 사람이 우러러 보아서가 아니라 자기 한 몸으로 많은 이를 비춰주기 때문이다. 누구든 만인의 스타가 되기는 힘들지만 부모의, 자식의, 친구의, 이웃의 별 하나쯤 될 수 있지 않을까. 가까이에서 서로를 비춰주는 그런 존재 말이다. 칠월칠석날 한강 인도교에서 만난 견우성은 나의 영원한 붙박이별이 되었다.

우주의 경이로운 쇼 때문에 모처럼 아이들과 즐거운 저녁 한때를 보냈다. 거기에 빛나는 별이 시를 쓰고 있었다. (2017. 2)

안과 밖

천지가 벚꽃이다. 바깥에도 가슴속에도.

바람이 분다. 꽃잎이 위로 아래로 옆으로 휘날린다. 쌍으로 날아오를 땐 수나비가 암나비를 쫓듯 아슬아슬 사랑이 넘친다. 그 꽃잎들이 보도블록에 소복소복 내려앉는다. 잠잠하던 바람이 또 분다. 점점 세어지는 바람, 꽃잎들이 은나비 떼처럼 춤을 춘다.

둘이서 창밖 풍경을 바라본다. 어느새 마당이 분홍 카펫을 깔아 놓은 듯 폭신하다. 밟으면 으스러질까 가만히 누워 보면 어떨까. 뒹굴고 싶다. 모두 긁어모아 그대 침대 위에 깔아주면 연분홍 꿈을 꾸겠지. 잠깐이지만 「태양의 후예」의 송중기 같은 청년이 될 수 있지 않을까. 꽃잎이, 바람이, 햇빛이 온통 자연의 향연을 펼치고 있다. 창 안에서 두 사람이 무연삼매에 이른다. 안은 더없이 한적하다. 텔레비전도 스마트폰도 잠자듯 조용하다.

정적을 깬다. 드디어 여자는 밖으로 나온다. 꽃의 유혹을 뿌리칠 수가 없다. 현관 안쪽에 서 있는 남자의 눈에 그렁그렁 눈물이 고인다. 사슴처럼 순한 눈이다. 안과 밖, 단지 문 하나 사인데 마음은 하늘과 땅만큼 먼가 보다. 어머니가 돌아가셨을 때도 냉정하리만치 의연했던 남자.

여자는 혼자서 꽃길을 따라 천변으로 향한다. 꽃구름이 하늘에도 땅에도 수를 놓는다. 노란 유니폼을 입은 꼬마들, 병아리들처럼 옹기종기 모여 손에 손잡고 재잘거린다. 손이 허전하다. 계절이 바뀔 때면 둘이서 곧잘 찾던 곳이다. 앞서거니 뒤서거니 걷던 그 길, 혹시나 하면서 뒤를 돌아본다. 꽃들만 따라온다. 멀리 가까이 바라보며 물가로 간다. 꽃잎이 점점이 떠가는 물속에 잉어들이 작은 놈은 작은 놈끼리 큰 놈은 큰 놈끼리 속삭인다. 저들도 제 짝끼리 저토록 다정한데. 여자의 눈시울이 자신도 모르게 뜨거워진다.

남자는 여전히 창가에서 나부끼는 꽃잎을 바라보고 있겠지.

4남매를 기를 때 남자는 곁에 있어도 늘 부재중이었다. 머릿속엔 60여 명, 때로는 3,600여 명의 학생들로 넘쳐났다. 30대 중반 유난히 빳빳하고 숱 많던 그 머리칼이 다 빠지고 말았다. 천장에서 빗물이 쏟아져도 지붕 한번 못 올라가던 어리보기, 오직 여자만 전적으로 의지하던 남자. 산 위에 올라가 물고기를 구한다고 해도 의심하지 않을 만큼 말이다. 집안에선 그야말로 무위선사였다. 오죽하면 다닥다닥 이웃

한 골목에 살고 있었을 때 뒷집 아주머니는 그 집 남자는 늘 출장 중이냐고 했을까.

40년 동안 오직 한길만 걸어온 창밖의 남자였다. 반짝이는 눈망울 속에서 오직 그곳이 별천지인 양 동고동락하며 집안의 대소사가 어떻게 돌아가는지조차 모르고 살아온 사람이다. 첫애는 첫 번째 태어난 아이이니까 그렇다 치더라도 연달아 태어난 세 딸들의 이름이나 순서대로 기억하고 있었을까. 그땐 그랬다. 안과 밖이 바뀐 지금도 유효한 줄 철석같이 믿고 있으니 어찌하랴.

여자는 이해할 수가 없다. 긴긴 세월 직장에 쏟아 붓던 그 사랑, 그 열정, 그 헌신적 노고는 어디로 갔을까. 진이 다 빠졌나, 혼이 다 나갔나. 퇴직 후 그 많은 시간, 왜 집안에서만 지내려고 하는지. 집처럼 편안하고 집처럼 따스한 곳이 없다는 말, 입버릇이 된 지도 오래다. 더 이상 무슨 말이 필요하겠냐만. 그 대신 여자는 자꾸 나갈 일이 생기고 나가야 비로소 손이 쉴 수 있다. 자나 깨나 여자의 손을 기다리지 않는 곳이 없다. 부엌, 베란다, 세탁실, 화장실 등. 밖이라야 집안일은 눈에서 멀어지고 하늘도 나무도 시멘트벽 틈의 민들레도 만날 수 있잖은가.

한 여자만 바라보는 남자, 온종일 신문만 끼고 뒹구는 남자, 집안에 들어온 파리나 모기도 잡아본 적이 없는 남자, 백화점이나 시장을 아직껏 혼자 가지도 못하지만 필요한 물건이나 살 물건도 없다는 남자. 생전 처음 한 친구를 따라서 다래순을 채취하러 갔다가 주머니에 서너 잎만 넣고 온 남자, 나무에서 비명소리가 들리는 것 같았다나. 때론 밉지만 남을 미워할 줄 모르니 미워할 수조차 없는 남자. 더구나 요즘은 두 팔에 깁스를 하고 있다. 그래도 불편하다고 말하지 않는 남자다. 한밤중 침대에서 떨어져 양쪽 팔목이 부러졌다. 병원 출입 외에는 외출을 하지 않고 있다.

여자는 촉각을 곤두세우고 지낸다. 남자는 수저만 겨우 들 수 있을 뿐 아무 일도 할 수가 없다. 일일이 그의 손이 돼 시중을 들 수밖에. 본인은 오죽 답답하고 기가 막힐까. 여자는 짜증이 나고 때때로 화가 치밀어도 그저 제풀에 지쳐 스스로 반성문을 쓰곤 한다. '달걀 섬 모시듯' 한다고 할까. 어느 날 남자의 '지루한 오후다'란 메모를 봤을 때 여자의 가슴이 철렁했다. 아마도 그녀가 약속시간보다 늦게 들어온 날인가 보다. 주름살 마디마디 쓸쓸함이 묻어나고 부쩍 여자를 바라보는 눈빛이 더할 나위 없이 애잔하다.

떠나는 것이 어디 꽃잎뿐이랴. 꽃이 진다는 건 희망의 약속이다. 슬퍼하지 말자. 서 있었으니, 살아 있었으니 넘어지기도 때론 떨어지기도 하면서 다시 일어설 수 있는 것이다.

밖에서 들어온 여자를 남자가 맞이한다.

"사람이 많았어?"

"오늘이 꽃의 절정인가 봐. 사진 찍는 사람도 많고. 깁스 풀면 한번 다녀오지 뭐!"

이 봄, 남자와 여자는 마냥 벚꽃 앞에 서 있었다. 그것도 창문 안과 밖에서. 밖이었던 남자와 안이었던 여자, 그 자리가 점점 바뀌고 있다. 두 사람이 가야 할 남은 삶의 여정인가 싶다. (2017. 4)

한 줄기 소나기 같은

정기 검진을 받고 온 남편의 표정이 여느 날보다 밝다.

"혈압도 당 수치도 정상이라고 하던가요?"

"그게 아니고, 생각지 않은 일이 있었어."

남편은 병원 앞에서 택시를 탔다. 기사와 이런저런 이야기를 주고받다가 집 주소를 말하며 이쪽으로 가면 빠른 길이지만 이면도로고, 좀 돌아가지만 저쪽 방향으로 가면 큰 도로라 바로 손님을 태울 수 있을 거라 했다. 그사이 집에 도착하여 요금을 계산하려고 하니까 그냥 돌려주더란다. 한참 실랑이를 했지만. 몇 년 전부터 기사는 마음이 통하는 사람을 만나면 하루에 한 번은 요금을 받지 않기로 했다며, 그날그날 실천하고 있는데 오늘 당신이 바로 그 손님이라고. 오전 시간에 어르신을 만났으니 오늘은 온종일 기쁜 마음으로 일할 수 있을 거라면서 새

손님을 태우고 휑하니 떠났다는 것이다.

동화 같은 이야기를 마주 서서 듣다가 나는 돌아서며 한마디 던졌다.

"어쩜 그리 비슷한 사람을 만났을까."

소소한 사건이라고 생각할 수 있지만 나로선 이해하기 어렵고 실천하기는 더욱 힘든 일이다.

그날 오후였다. 한차례 소나기가 쏟아지더니 햇볕이 쨍쨍 내리쬐었다. 아파트 놀이터 옆 보도블록에 Y중학교의 한 여학생이 쪼그리고 앉아 무언가를 들여다보고 있다. 가던 길을 멈추고 그 여학생 곁으로 다가갔다. 한 뼘쯤 되는 투실투실한 지렁이가 S자를 그리며 꿈틀거리고 있었다. 학생은 책가방에서 꺼낸 물병의 물을 조금씩 부어주며 나뭇가지로 그 지렁이를 들어올리려고 애를 썼다.

"지렁이를 어떻게 하려고?"

"그냥 두면 죽을 거 같아서요."

거의 울상이었다.

"흙으로 보내주면 되겠지."

나는 엄지와 검지로 집어 정원 풀숲에 놔주었다.

"감사합니다. 감사합니다."

학생은 웃는 낯으로 연신 고개를 숙였다.

그 학생과 헤어지면서 혼잣말을 했다. 네 마음씨가 비단결이지.

내 어린 시절은 지렁이를 비롯해 땅속 벌레들과 어지간히 친숙히 지냈단다. 여름철 장마 때면 길바닥이나 뒤란에 기어 나온 지렁이가 지천이고, 감자를 캐거나 파를 심을 때도 지렁이들이 굼실거리며, 통통하게 살이 찐 굼벵이가 오무락오무락하고 있었지. 어디 그뿐인가. 땅강아지, 풍뎅이, 딱정벌레들이 허둥지둥 도망을 갔거들랑. 그놈들이 사는 곳은 땅도 숨을 쉬고 있어 농작물이 쑥쑥 자랐단다.

남편은 나와 함께 택시를 탈 때도 그렇다. 나는 타면서 바로 목적지를 말하고 싶지만 은근히 싫은 내색을 해 꾹꾹 참을 수밖에 없다. 광주 친척집에 갔을 때도, 아들이 사는 제주도에서도 번번이 그랬다. '기사가 어디로 모실까요?' 했을 때 비로소 가는 곳을 말하며 '늘 다니시던 편안한 길로 가세요' 한다. 한번은 제주 공항에서 구 제주 오지의 아들 집으로 갈 때와 며칠 뒤 아들네서 공항으로 올 때의 요금이 꽤나 많이 차이가 났다. 교통 흐름에 따라 다소 차액은 생길 수 있지만 은근히 화가 치밀었다. 빠른 길로 가자고 해야지, 왜 편안한 길로 가자고 해 빙빙 돌아서 오게 하느냐고. 남편은 좀 손해를 봐도 그래야 마음이 편하다니 알 수가 없다. 사랑인지 배려인지. 그런 아량 나한테는 왜 그렇게도 인색할까, 하려다 그만두었다.

어떤 택시 기사는 운송사납금을 납입하지 못하는 날도 있다고 하던데 남편이 탄 차는 개인택시였을까. 그래도 하루에 한 번씩 남을 배려한다는 것이 쉬운 일인가. 젊은이들이 기피하는, 힘든 일을 할 때는 그 나름대로 속사정이 있을 텐데. 인생을 달관한 사람인가? 아니면 정년퇴직한 다음 인생 이모작으로 제2인생의 여유를 누리는 사람인가. 하굣길 여학생은 또 어떤 학생일까? 보도블록에서 꿈틀거리는 지렁이를 그냥 지나치지 않은 학생은, 형제는 있을까. 혹시 외동딸로 강아지를 기르고 있진 않을까.

콘크리트 장벽에 갇혀 숨쉬기마저 답답한 도시의 삶이다. 한줄기 소나기 같은 이야기가 내 가슴을 적셔준다.

긴긴 여름날이 결코 지루하지 않은 하루였다. (2017. 7)

파리에게 박수를

새까만 파리 떼가 방충망에 붙어 있다. 한 100여 마리 정도는 될 듯싶다. 창마다 방충망이 되어 있고 출입문을 여닫을 때도 파리는 보이지 않았는데. 집안 구석구석을 둘러보며 고개를 갸우뚱거린다. 다음날도 그 다음날도 여전하다. 창틀 아래쪽 빗물 빠지는 작은 구멍까지 휴지로 막았다. 그래도 마찬가지다. 베란다의 화분들을 살펴보다가 제라늄화분에서 꿈틀거리는 작은 물체가 눈에 띄었다.

이른 봄 제라늄화분 하나를 떨이로 사왔다. 생각보다 튼실하고 꽃이 잘 피었다. 화초를 잘 가꾸는 친구의 말대로 깻묵을 얹어주고 바깥 실외기 위에 내놓았다. 꽃이 지는가 하면 연달아 굵은 꽃대에 꽃이 탐스러웠다. 하도 예뻐 다시 실내로 들여놓고 오가며 완상하는 중이었다.

사건의 발단은 바로 그 화분이었다. 왕파리들이 고소한 냄새에 홀려 알을 낳고 또 낳았던가 보다. 아침마다 갓 깨어난 파리들이 창에 붙어 날개를 말리고 날아갈 준비에 바쁘다. 얼마나 많은 알들을 낳았을까 계속해 파리가 나온다. 남편은 제발 화분을 버리라고 하지만 나는 시도 때도 없이 파리 소탕전을 벌이고 있다.

햇빛이 잘 들고 알맞은 습도와 양분이 풍부하니 파리들이 경쟁적으로 쉬를 슬었나 보다. 등이 파르스름한 '털검정파리' 서너 마리가 윙윙거렸어도 차마 그럴 줄은 몰랐다. 파리와 같은 미물도 제 새끼를 위한, 최적의 환경 조건을 찾아내는 놀라운 능력이 있다는 것은 상상도 못했다.

6월 초 일주일쯤 아들네에 다녀올 예정인데 난감하다. 화분을 그냥 두고 가면 집안이 온통 파리 천국이 될 게 뻔하다. 예닐곱 개의 꽃송이가 달린 화분을 들고 밖으로 나갔다. 마침 청소하는 아주머니가 반갑게 웃으며 웬 화분이냐고 한다. 자초지종을 말하고 죽든지 누가 들고 가든지 정원에 놔두겠다고 하니, 자기네들이 쓰고 있는 세탁실에 두고 돌보겠단다. 파리가 꾸역꾸역 나온다고 해도 실감나지 않는지 막무가내다.

아이들이 한창 자랄 때가 생각난다. 파리가 산란할 때 필요로 한 양분처럼 아이들에게 정신적인 더구나 물질적인 영양소가 될 만한 것을 제공해준 적이 있었는지. 앞으로의 방향 제시를 머리 맞대고 진지하게 대화하며 그들의 의견을 존중하면서 갖가지 방법을 모색한 일이 있었는지. 현실에 안주하며 '우물 안 개구리'처럼 스스로 쳐놓은 굴레에 아이들까지 가둬두지는 않았는지. 돌이켜보면 그날그날 최소한의 생활을 이어가는 것만이 최선이라고 생각하지 않았나. 더 이상 아무것도 할 수 없다고 마음에 빗장까지 걸어뒀었다.

1970년대 한창 건축 붐을 타고 떼돈을 번 사람들을 보고 우리 부부도 무모하게 집 한 채를 짓기 시작했다. 입주할 때쯤 내게 찾아온 것은 날벼락 같은 구안와사(口眼喎斜)였다. 그때부터 '송충이는 솔잎을 먹어야 한다'는 말을 되뇌며 살았다.

큰딸은 교사의 길을 걷고 싶고 둘째딸은 미술을 하고 싶다고, 그런가 하면 셋째딸은 전문 여행가가 되어 세계를 누비고 싶다는 것이었다. 학교 공부 이외엔 어떤 뒷바라지도 할 수 없으니, 그 이상은 각자 자기 능력과 노력에 달렸다고 한마디로 딱 잘랐다. 우리보다 더 열악한 환경에서도 자신의 꿈을 거뜬히 실현하는 사람들이 어디 한둘이냐고도 했다. 생활이 아닌 생존만 있을 뿐이었다.

우연이지만 제라늄의 깻묵 거름이 파리에게 알을 낳고 애벌레를 기를 수 있는 필요충분조건이 된 셈이다. 파리는 본능에 충실하고 자신의 소임을 다한 것이다. 그에 비해 나는 아이들에게 원초적인 것 외에 무엇 하나 해준 것이 생각나지 않는다. 단지 막내가 고등학교 3학년이었을 때 우리 엄마 '친엄마' 맞느냐고 한 것이 기억날 뿐이다. 제 친구 엄마는 따스한 도시락은 물론 밤이면 하루같이 도서실에서 저와 같이 공부하고 있는 친구를 데리러 온다며 투덜거렸으니 말이다.

열흘쯤 돼서 돌아온 제라늄은 꽃은커녕 누런 잎사귀 몇 개만 달고 있었다. 바람 한 점 없는 컴컴한 지하실에서 물만 주었던 것이다. 내가 기르는 어떤 화초보다 강한 그 생명력도 조건이 맞지 않으면 그 꼴이 되는 것을.

아이들이 자신의 꿈을 힘껏 펼치도록 할 수는 참으로 없었던 것이었을까. 진정 나는 불가능했을까. 팍팍한 생계를 이유로 오직 절약만이 살 길이라고, 외골수만을 고집한 나야말로 어리석고 미련하고 융통성 없던 어미였다.

중국의 고사 각주구검(刻舟求劍)이 생각난다. 초(楚)나라의 한 사나이가 배를 타고 강을 건너다가 칼을 물속에 빠뜨렸다. 그는 곧 칼을 빠뜨린 뱃전에 칼자국 표시를 해 두었다가, 배가 강기슭에 닿자 그 칼자국이 있는 뱃진 밑 물속으로 뛰어들었다는 것이다.

돛을 올리고 노를 젓고 닻을 내리며 뱃전에 표시해 둔 칼자국만 살폈을 뿐이 아니었나. 물속으로 몸을 던져 헤매고 더듬고 부딪치며 떨어진 칼을 찾아낼 줄은 몰랐던 나.

자기소임을 다한 털검정파리에게 박수를 보낸다. (2014. 7)

꿈꾸던 아틀란티스

남편이 병상에 누워 있는 내 곁으로 다가온다.

"손에 물집이 생기고 가려워, 오는 길에 피부과에 다녀왔어."

"……."

어이가 없다. 남편 손에 습진이 생겼다니 무슨 일을 얼마나 했기에. 도저히 이해할 수 없지만 손에 붉은 반점과 손가락에 물집이 생긴 것은 사실이다. 내가 입원한 지 열흘쯤 되었을 때의 일이다.

밥과 반찬 몇 가지를 해놓고 정형외과에 입원을 했다. 남편은 먹고 싶은 생각이 전혀 없어 손도 대지 않고 있단다. 딸들이 해온 음식도, 친구가 들고 온 생선 졸임과 불고기도 집으로 보냈으나 고스란히 냉장고에 쌓여 있다고 한다. 세 딸이 번갈아 병원에 들를 때마다 딸과 함께 점심을 먹는 게 고작이고,

아침저녁은 우유로 때운다고 하면서 주부습진이라니. 피부가 물이나 세제에 장기간 노출되거나, 자극성 채소나 음식물로 각질층에 염증을 일으키는 것이 주부습진인 것을.

4남매가 중·고등학교를 다닐 때 도시락을 6개씩 쌀 때가 있었다. 개수통에 한가득 쌓인 밥통과 반찬통을 씻을 때면 어지간히 시간이 걸렸다. 타파웨어 용기가 차츰차츰 보급됐을 때라 반찬통만 해도 그 뚜껑까지 합치면 20여 개가 넘었으니 밤이면 설거지로 발바닥에 불이 날 정도였다. 아이들 뒷바라지가 그때만큼 고된 적도 없었다. 주부습진을 달고 살았다. 밤이면 약을 바르고 면장갑을 껴보지만 별 효과가 없었다. 물집이 생겨 가렵고 손톱 밑은 갈라져 쓰라리고 지문이 다 없어져도 뉘 집 개가 짖느냐는 식의 남편은 눈 하나 까딱하지 않았는데 이제와서 머그잔 몇 개를 씻었다고 습진에 걸렸나니. 참으로 어처구니없다.

벼르고 벼르던 인공 무릎관절 치환술이었다. 남편은 찾아 먹고, 챙겨 먹고, 사다 먹는다고 손가락 걸며 약속까지 했는데. 그래 놓고 아침저녁 끼니를 기껏 우유로 때웠으니 융통성도 주변머리도 찾아볼 수 없는 사람이다. 앞뒤 꽉 막힌 사람이라 하다가도 내 탓이라고 생각을 바꾼다. 차가운 남자와 뜨거운 여자가 조화를 이룬다고 마음 고쳐먹으면 그냥저냥 편안한 것을. 텅 빈 집에서 남편은 혼자라는 총체적 공황상태로 스트레스에 노출되었던 것이 아닐까.

오래전 두 사람은 작고 낡은 배를 타고 세상의 바다로 노를 저어 갔다. 풍랑에 돛은 찢어지고 노는 부러지고 배 밑에선 물이 들어온다. 항구에 정박해 배를 수리하고 때로는 새 배로 갈아타기도 하면서 반세기가 지났다. 불가마 같은 더위도 천둥 번개도 살을 에는 추위도 견디며 희망에 부풀어 버텨냈다. 아틀란티스를 꿈꾸며 열심히 항해하는 도중, 그만 한 사람이 너울에 부딪쳐 하선하고 말았다. 망망대해에 홀로 남았다. 차츰 허허롭고 무섭고 무기력해지며 밤에는 악몽에 시달린다. 중도에서 넘어지고 쓰러지고 다친 사람은 그렇다 치더라도 홀로 남은 자의 절대 고독은 오롯이 자신만의 스트레스다.

큰딸이 신혼 초, 시댁 근처에서 살 때다. 양가 어른들과 친지들 집들이를 수차례 하고 나니 바로 주부습진이 생기고 말았다. 게다가 온몸에 두드러기로 대여섯 해를 지새웠다. 첫아이를 낳고 기르면서 두드러기는 시나브로 완치되었지만 습진은 지금도 여전하다. 핵가족으로 살다가 9대 종손 맏며느리로 시집을 갔으니 정신적 부담이 컸었나 보다. 제사·시제·혼사 등 유난히 큰일이 많은 집안이었다. 양·한방으로 치료를 서둘렀지만 조금도 차도가 없었다. 운동과 휴식으로 스트레스를 줄이면 면역력이 강화된다고 하지만 종갓집 새색시 주부 노릇이 그렇게 만만한 건가. 피할 수 없으면 주어진 환경과 자기 자신을 좀 더 즐겼어야 하는데 말이다.

한평생 학생들 속에서 지새운 남편. 울고 웃으며 꿈에서도 오직 학생들만 생각하고 사랑했단다. 40년간 자기의 소임을 다하고 가정으로 돌아온 사람, 기력이 쇠하고 긴장이 풀린 탓인가. 학교 아닌 병원으로 출근하다시피 했다. 식도암을 비롯해 급성신부전증, 패혈증, 폐렴, 담

관결석 등 응급실 비상벨을 울려가며 그렇게 십수 년이 흘렀다. 지금 이 순간 그런 남편이 곁에 있다는 게 꿈인가 생시인가 싶다.

내가 퇴원하는 날 딸들이 어이가 없다는 듯 웃었다.

"우리 아빠, 엄마가 잠시 없다고 주부습진까지 걸렸으니 다음은 또 어디가 아플까? 이젠 아플 곳도 없을 거 같은데."

꿈꾸던 아틀란티스(Atlantis)는 아직도 갈 길이 먼 건가. 지브롤터 해협 서쪽에 있었던 찬란한 문화를 지닌 유토피아, 지진 때문에 멸망했다는 그 섬. 아마도 그리스 전설에만 존재하나 보다.

주부들 손에 물이 마를 날 없다는 말도 옛말이 되었다. 이런 시대 남편이 컵 좀 닦았다고 주부습진이라니. 설령 믿기지 않더라도 의사의 진단이 아닌가. 나약하고 등 굽은 남편, 스티브 잡스의 마지막 글로 나 자신을 위로한다.

'현재 우리가 삶의 어느 순간에 있든, 결국 시간이 지나면 삶이란 극의 커튼이 내려오는 순간을 맞이할 것이다. 가족 간의 사랑을 소중히 하라. 배우자를 사랑하라.' (2016. 8)

모지랑숟가락

만만한 스테인리스 숟가락이 하나 있다. 국이나 찌개, 반찬을 만들 때 계량 숟가락처럼 쓴다. 다른 숟가락이 있어도 주로 그것만 찾아 사용하다보니 초사흘 달만큼 이지러졌다. 가끔 들르는 딸들도 아직껏 이 숟가락이 있느냐고 하지만 여전히 그 숟가락에 손이 간다. 손에 익고 손때 묻은 그릇들은 정이 각별하다.

어렸을 적 우리 집에는 모지랑숟가락이 여러 개 있었다. 상현달이나 반달만큼 닳은 놋쇠 숟가락들이다. 증조할머니는 늙은 호박이나 박 껍질을 손질할 때 으레 그 숟가락을 찾으셨다. 뒷간 지붕 위에 잘 익은, 크고 작은 박들을 따서 두 쪽으로 쪼개 속을 파낼 때나, 쇠죽솥에 푹푹 삶은 박들의 겉껍질을 벗길 때 모지랑숟가락은 참 요긴하게 쓰였다. 할머니 손을 거친 노란 바가지는 양지바른 툇마루에서 잘 말려 이듬해 농사철 모내고 김맬 때 막사발 대신 막걸리 잔이나 국그릇으로 사용했다. 커다란 바가지는 주로 부엌에서 쌀을 씻거나 채소와 곡식을 담는 데 썼다.

구순(九旬)이 넘으신 할머니는 생각보다 힘들고 지루한 일을 조용조용 정갈하게 해내셨다. 그 옆에서 할머니처럼 호박이나 박을 득득 긁어 봐도 숟가락이 자꾸 미끄러져 잘 되지 않았다. 힘이 아니라 오랜 경험에서 오는 요령이 아닌가 싶었다. 할머니는 물레질도 감치게 잘하셨다. 실의 굵기가 가늘면 가는 대로 굵으면 굵은 대로 한결같았다. 물레질의 달인이었다. 꼿꼿하고 단정한 그 모습은 무아지경 그 자체였다.

현재는 신도시로 개발됐지만 초등학교 다닐 때 우리 마을 '벌말'은 말 그대로 허허 벌판이었다. 여름 한철이면 참외와 수박의 고장이었다. 집집마다 개구리참외, 사당참외, 감참외, 수박 등이 푸짐했다. 대청마루에 둘러앉아 식구들이 참외와 수박을 먹을 때도 할머니는 모지랑숟가락이 필요했다. 잘 익은 참외를 두 쪽으로 갈라 드리면 한 쪽으로 충분했다. 살살 긁어서 가만가만 찬찬히 잡수시고 얇은 껍질만 남기셨지만 어느 땐 밑에 구멍이 뻥 뚫린 적도 있었다. 구멍 난 껍질은 장난감으로 쓸 수 없지 않느냐고 투정을 부리기도 했다. 증조모도 증손녀처럼 딱딱한 음식을 오도독오도독 씹어 먹었을 때가 있었으련만. 모지랑숟가락은 단아한 용모에 소식(小食)을 하시던 할머니의 치아였다.

그뿐인가. 한겨울 저녁을 일찌감치 먹고 두어 시간 지나면 왠지 배가 출출했다. 그때부터 엄마 치맛자락을 붙들고 무엇인가 먹고 싶다고 졸라댔다. 날이 밝으면 떡이라도 할 수 있지만 이 밤중에 어떻게 하겠느냐고. 100여 호나 되는 마을이지만 구멍가게 하나 없었고 시오리쯤 되는 읍내에 비로소 상점이 있었다. 결국 엄마는 뒷밭 구덩이에 묻어 둔, 노란 싹이 나온 무를 바가지에 하나 가득 꺼내 오고 만다. 온 식구가 화롯가에 모여 아삭아삭하고 달착지근한 무를 깎아 먹었다. 매운 무는 무국을 끓였다. 할머니도 겨울 무는 인삼 못지않다며 모지랑숟가락으로 물처럼 만들어 잡수셨다. 옆에서 긁어드리다 한 숟가락 맛을 보면 아마도 지금의 배 맛이 아니었나 싶다.

숟가락은 태어나서 제일 먼저 익히는 용구이다. 손으로 음식을 먹는 민족도 있지만 숟가락은 우리의 실존적 상징이다. 죽음에 이르는 그 순간까지, 마치 삶의 신표(信標) 같은 것이다. 밥상 앞에 식구들이 다 모였을 때 이제 식사를 하자는 의미로 '숟가락을 들자'는 말이 있는가 하면, '숟가락을 놓았다'는 표현은 죽음을 뜻하는 말로 대신하기도 한다. 그것뿐이 아니다. 거지 허리춤에 모지랑숟가락 하나만 차고 다녀도 한 가닥 삶의 뜻만은 버리지 않겠다는 의지를 은연중에 보여주었던 것이다.

한평생 제 살 깎이는 것도 모르고 닳고 닳은 모지랑숟가락은 할머니의 삶을 고스란히 담고 있었다. 긴긴 세월 종갓집 대가족을 거느리며 애면글면 살아오신 우리 증조할머니. 숟가락이 마모돼가듯 그렇게 조용히 99세에 눈을 감으셨다. 일주일만 더 사셨더라면 100세를 채웠을 거라고들 했다.

내가 수필을 쓴 세월은 할머니의 물레질보다 더 오래인 것 같다. 아니 숟가락이 모지랑이로 닳아간 것보다 더 되어가는 지도 모른다. 익히고 벼리고 담금질한 세월이 얼마인가. 하지만 아직도 그 길은 멀고도 멀다.

모지랑숟가락! 그 헌신이 눈물겹다. 그 모습이 사랑스럽고 애틋하다. 그런 작품을 쓰고 싶다. 모지랑숟가락처럼 내 삶의 모습이 오롯이 응축된 그런 수필을 남기고 싶다. (2014. 4)

새봄은 온다

창으로 들어오는 햇살이 눈부시다. 베란다에 햇빛이 동지 때보다 서너 시간 더 들어온다. 겨우내 고층 건물 뒤에 숨어 그냥 지나가던 빛이다. 화분이 사람보다 먼저 반긴다. 백량금의 새순이 쑥 올라오고 셀럼의 여린 연두색 잎도 빼죽이 얼굴을 내민다. 봄은 분명 봄이다.

정원으로 나왔다. 하늘빛도 바람결도 다르다. 양지바른 곳으로 발길을 옮긴다. 가랑잎 사이로 황새냉이들이 가느다란 줄기에 하얀 꽃까지 달고 옹기종기 모여 있다. 큰 나무 잎이 나오기 전, 서둘러 꽃이 핀다고 하지만 일부 지방에선 아직도 눈이 오고 있잖은가. 인고의 보람이요, 생명의 경이다.

입춘이라는 말이 무색하리만치 춥다. 두꺼운 외투에 머플러까지 두르고도 나는 자꾸 움츠러든다. 몸보다 마음이 더하다.

어슬녘에 막배를 놓친 듯 막막하고 허허롭다. 바람 불고 파도치는 일이 어디 바다뿐이랴. 우리의 삶도 봄이 오기까지 폭설과 혹한에 시달리지 않았나. 누군들 뼈를 깎는 엄동설한이 없었겠는가. 살아 있는 한 시련의 나이테는 쌓여가기 마련이다. 그래도 한 가지 진실은 반드시 봄이 온다는 사실이다.

외손자가 지난해 11월, 대입 수능시험을 치렀다. 그동안 가, 나, 다 군의 대학 입시를 거치며 고통·불안·인내·기대감이 엇갈리는 자신과의 투쟁을 했다. 입춘 다음날에야 그 결과가 막을 내렸다. 꿈은 산산조각이 났다. 수능시험이 끝난 후 무려 석 달에 걸친 지루한 싸움이었다. 수시·정시 모집에 대학마다 계열마다 학생부, 수능, 논술, 적성, 면접, 특기 등 온갖 반영비율이 천차만별이다. 담임도 학부형도 수험생도 입시요강을 꿰뚫기는 어렵고 사설 입시기관의 진딤 강사만이 알고 있다고 한다. 교육 정책의 모순과 실망감을 감출 수가 없다. 그래도 소위 일류대학에 척척 들어가는 학생이 있으니 낙방한 부모의 말은 약자의 핑계에 불과하다.

오래전 한 친구의 딸이 대학 입시에서 떨어졌다. 유난히 눈이 많이 온 해였다. 이웃들 대문 앞의 눈은 말끔히 쓸렸는데 자기 집만 숫눈 그대로였다. 며칠 이불을 뒤집어쓰고 누웠다가 어쩔 수 없이 눈을 치우고 있는데 옆집 엄마가 딸의 합격 여부를 물었다. 자기도 모르게 큰 소리로 대답했단다. '우리 아이 떨어졌어요.' 그때부터 밥이 넘어가고 외출도 할 수 있었다는 것이다.

그 한마디 말! 나도 외치고 싶다.

"우리 외손자 대학에 떨어졌어!"

노심초사하던 딸의 눈빛이 스쳐간다.

봄은 이미 곁에 와 있다. 추위를 이겨내지 않은 봄꽃이 어디 있으랴. 머지않아 흙에선 새움이 트고 나뭇가지에선 꽃이 피고 잎이 돋아날 것이다. 빛깔도 무늬도 향기도 모두 다른 새로운 모습으로 태어나리라.

겨울이 가고 나면 봄은 다시 온다. 그 봄은 작은 씨 하나에게도 약속을 지킨다. 보도블록이 깔린 길에서도 시멘트 옥상에서도 민들레는 노란 꽃을 피우지 않는가.

건강하고 풋풋한 외손자에게도 찬란한 새봄은 반드시 오고야 말 것이다. (2014. 2)

수필은 부단한 나의 몸짓

드디어 『雲峴隨筆』 창간호가 발간되었다. 초산한 산모처럼 어리버리했으나 첫아이를 품에 안은 듯 뿌듯했다. 존재의 고고성을 울린 순간이었다.

열흘쯤 지난 뒤, 장학사로 근무하는 친구한테서 동인지가 되돌아왔다. 간단한 편지와 함께. 아는 만큼 교정했으니 참고하란다. 첫 페이지부터 끝 페이지까지 하나하나 짚어간 연필의 흔적이 빼곡했다. 맞춤법, 오탈자, 띄어쓰기 하물며 지방의 고유명까지 낱낱이 지적했다. 차마 책을 덮을 수가 없었다. 채 익기도 전, 성급히 열매를 딴 격이다. 오래도록 부끄러웠다. 2집부터는 좀 더 반듯한 아이를 낳겠다고 큰마음 먹었다.

평생교육원에서 수필문학입문을 수강했다. 피천득의 「오월」과 「수필」을 암송하고 「은전 한 닢」을 배웠다. 윤오영의 「달밤」

도 필사했다. 「달밤」은 함축미와 간결미가 느껴지는 글로, 한 폭의 동양화를 보는 듯 회화적 이미지가 물씬 풍긴다고. 또 '달밤'이 주는 향토색과 서정성은 우리의 전통적 정서를 자아내며, 밤 풍경은 주제를 형상화함으로써 여운의 미를 느끼게 한다는 것이다.

달밤에 술상을 마주한 두 사람의 모습은 농촌에서 자란 나에겐 결코 낯선 것이 아니었다. 흔히 있을 수 있는, 서정성과 신비로움을 부각할 것도 없는 일인데 형상화가 잘 된 글이라니 설명을 들을수록 난해했다. 오히려 「은전 한 닢」에 공감이 갔다. 작가와 동시대에 사셨던 아버지의 유년시절이 떠올랐다.

초등학교 졸업반인 아버지는 상급학교에 진학하려고 열심히 공부했다. 하지만 할아버지는 아버지의 진학을 완강히 반대했다. 엎친 데 덮친 격으로 아버지는 학교에 납부할 월사금 중 일전(一錢)을 뒷간에 빠뜨렸다. 진종일 시멘트로 된 뒷간의 오물을 퍼내고 그 동전을 꺼내야만 했다. 게다가 외아들인, 12살 된 아버지를 결혼까지 시켰으니 꿈은 좌절되고, 굶어 죽어도 종자는 베고 죽을 만큼 농사꾼으로 살아가셨다. 지금도 동전만 보면 아버지에 대한 연민의 정이 가슴에 사무친다. 수필은 이렇게 한걸음, 한걸음 내게로 다가왔다.

글은 말과 달라 또다시 돌아볼 시간적 여유가 있다. 읽기 편하고 뜻이 명확하게 전달되는 좋은 문장, 바른 문장을 쓰기 위해서는 글쓰기 훈련을 거듭하며, 고민하고 반복해서 퇴고하는 것 말고 달리 방법이 없다. 기초를 무시하면서 멋진 글, 감동적인 글을 쓰고자 한다면 나무에서 고기를 구하는 격이 되고 말 것이다.

첫 동인지 발간 후, 국립국어연구원의 강의를 들을 기회가 있었다. 한글 맞춤법, 띄어쓰기, 표준어 규정, 바른 문장 쓰기 등이었다. 맞춤법과 띄어쓰기는 사전에 의존하지만 '바른 문장 쓰기'는 여간 힘든 일이 아니었다. 남의 글을 읽을 때 그 문장이 문법적이 아니란 걸 찾아내기란 쉽지 않았다. 원로 문인의 글이나 비평가의 평론, 하물며 백과사전에서조차 오류가 발견되는 것을 보면서 끙끙거리곤 했다.

수필은 '시로 쓴 철학, 소설로 쓴 시'라며 문호의 글이나 선비의 글이란다. 봄 들판의 아지랑이며 하늘에 걸려 있는 무지개여야 한다. 수필은 어린아이같이 순수한 마음으로 쓰인 정직한 고백이요, 솔직한 배설이다. 수필은 진실을 바탕으로 한 언어의 예술이요, 자기 체험을 논리적 구성을 통해 절제된 언어로 표현하는 형상화 문학이다. 참으로 백인백색이다. 정의가 어떻든 옳고 그름이 아닌 각자의 생각이 다를 뿐이다.

평생교육원을 드나든 지도 꽤 오래다. 『雲峴隨筆』 23집이 곧 나올 예정이다. 그동안 재교, 3교 때론 5교까지 본 적도 있다. 컴퓨터에 '표준국어대사전, 다음어학사전, 네이버사전'을 띄워 놓고 익히 아는 낱말까지 폭넓게 찾는다. 구부러지고 찌그러진 철판이 용광로를 거쳐 쓸모 있는 제품으로 탄생하듯 꼬이고 틀어진 문장은 두드리고 담금질해서 작가에게 재고를 요청하기도 한다. 그중에서도 세심한 주의를 요하는 것은 기초적인 띄어쓰기다. 한 작품에서 같은 말의 띄어쓰기는 반드시 일치해야 한다. 문우들의 작품을 숙독하다 보면 남의 글인지 내 글인지 분간이 안 될 정도로 몰입한다. 성격 탓도 무시할 수 없지만 대학 4년 동안 실험실에서 숫자놀음에 연연한 탓도 그 이유인 것 같다. 그래도 오류는 발견된다.

창작은 두려움이 수반된다. 두려움은 인간을 심리적으로 위축시켜 현재의 상태를 극복하려는 의지보다 유지하려고 한다. 문학도 마찬가지다. 하지만 두려움 없이 탁월한 작품은 창작되지 않는다. 두려움이 있을 때 참신한 아이디어가 창출되고 하고자 하는 일도 꿈꿀 수 있다. 두려움은 도전이고 모험이다. 안전한 모험은 이미 모험이 아니다. 실패를 경험하지 않고는 자기 분야의 전문가가 되기 어렵다. 타인의 비판 정도는 두려워하지 말 일이다. 두려움을 뛰어넘을 때 비로소 불후의 명작은 탄생된다. 수필문학 역시 고독과 고뇌를 넘나드는 세월의 예술이요, 두려움을 떨치고 비상하는 행위다. 한편 수필의 문학성은 작가적 상상력이 제대로 발현될 때 문학적 성공을 거둘 수 있다.

시나 소설보다 수필에서의 상상은 밀도 높은, 작가의 심오한 철학적 의미까지 내밀하게 품는다. 입으론 한마디 말도 하지 않으면서 가슴에서 가슴으로 전해질 수 있는 무수한 말처럼 수필의 상상은 작가의 마음에서 독자의 마음으로 소리 없이 오가는 것이다. 특히 체험 수필일 경우 독자는 작가와 온전히 하나 되는 상상 가운데 작품 속으로 빠져들 때에만 감동을 받는다. 그러므로 수필문학의 상상력은 허구적 소설보다 훨씬 차원 높은 것이어야 하고 시의 이미지보다 독자의 가슴속을 더 깊이 파고들 수 있어야 한다. '낙숫물이 댓돌을 뚫는다'고 하듯이 소설이나 시의 질량과는 다른 힘, 그게 수필에서의 상상력이다. 비로소 독자는 수필의 힘을 문학성으로 느끼게 된다.

자연과 삶을 관조하고 뛰어난 문장 구사, 바른 어휘의 사용 및 적절한 비유, 섬세한 감수성이 스며든 한 편의 수필! 그 속에 보편성을 담은 이야기들이 독자 가슴에 빛살처럼 꽂혀갈 때, 어떤 위대한 힘 이상으로 수필은 독자를 감동시킨다.

수필은 자존감 높이기다. 스스로 나를 사랑해야 남도 나를 사랑한다. 자신을 소중히 여기고 행복한 삶을 찾아 도전하는, 나의 부단한 몸짓이 바로 수필이다. (2018. 8)

2부

하루 또 하루

거실 탁자 위에 놓인
백자항아리에 가끔 꽃을 꽂는다.
봄에는 어머니 성묫길에 꺾어온 찔레꽃을,
가을에는 구절초를 꽂곤 한다.
추석 성묘 때 꺾어온 하얀 구절초 한 묶음이
어머니인 양 청초하고 화사하다.
보통은 텅 비어 있을 때가 많다.
어머니의 곡진한 삶이 항아리에
담겨진 양 바라본다.

잠자던 이야기

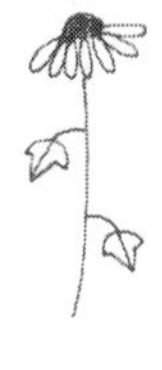

정 선생을 만났다. 그는 전설 같은 이야기를 동영상처럼 펼치다가 잠시 숨을 고른다. 가방에서 흰 봉투를 꺼내 남편 앞으로 슬며시 밀어 놓는다. 우리 부부는 어안이 벙벙해 무언의 의시를 눈빛으로 주고받다가, 남편이 다시 한 번 스승의 날을 기억해주는 것만도 고마운 일이라고 했다.

스승의 날을 앞둔 5월 초순, 네 사람이 식탁에 마주 앉았다. 우리 부부와 남편의 제자인 정 선생과 이 선생이다. 주로 여학교에 근무한 남편이라 두 사람도 여성이다. 오래된 제자들을 만나는 자리에 남편은 늘 내가 동행해주기를 바란다. 그들 역시 으레 사모님과 함께 오라고 토를 달고 이번에도 그랬다. 이 선생은 익히 알고 있었지만 정 선생은 남편도 40여 년 만에 처음 만나는 제자다.

정 선생은 고등학교 3학년 담임 선생님이 아니었다면, 적성에 맞는 평생 직업을 가질 수 없었을 거란다. 정년퇴직할 때도 '우수교사특별상여금'까지 받았다고 한다. 경찰 공무원이던 아버지가 하루아침에 과로로 돌아가시고 엄마는 맏딸인 자기를 의지하며 집안일을 의논했다. 하늘이 내려앉은 듯 막막하고 실의에 잠겨 있을 때, 담임이 아버지처럼 희망과 용기를 불어넣어 줬으므로 5월이면 그 선생님의 모습이 떠오르곤 했단다.

내 기억 속에도 스승 한 분이 있었다. 초등학교 5,6학년 2년 연속 담임을 한, 총각 선생님이었다. 그분의 열정은 어렴풋이나마 공부의 맛을 깨닫게 해주었고, 그에 못잖게 나도 혼신을 다해 공부했다. 졸업 후에도 이따금 그분의 성함을 불러보았지만 끝내 찾아뵙지 못했다. 정 선생의 용단이 참으로 가상하다. 정 선생은 대전에서 초등학교 교사로 봉직했으며 현재는 '영재육성프로젝트' 팀장이라고 한다. 은퇴하고도 교육전문기관에 취직한 대단한 실력자라고 생각했다. 내 눈이 점점 화등잔만 해지자 정색을 하며 딸네 애기를 돌보고 있으니 영재육성이고, 그것도 딱 일 년만 봉사하겠다고 했으니 기간제 교사 아니냐고 했다. 모두 깔깔 웃었다. 이제껏 남을 위해 일했다면 앞으론 자아계발에 올인 하겠다는 것이다.

서울에서 근무하던 정 선생은 남편을 따라 대전으로 전근했다. 교사 중 유일한 서울 출생이고 업무에 충실하다 보니 윗사람의 사랑을 독차지하다시피 했다. 시간이 지날수록 동료직원들 사이에서 '따돌림'을 당하고 말았단다. 심지어 외식할 때도 자기 옆을 꺼려했다. 몸은 야위고 의욕까지 상실하게 되었다. 한동안 슬럼프에서 헤어나지 못하고 있다가 자신을 추슬렀다. 방과 후 미술과 음악 공부에 심혈을 기울였다. 수채화를 배우고 풍금에 열중했다. 부족한 예체능 과목에 온힘을 쏟으며 묵묵히 일에만 열중하니 서서히 직원들과도 어울리게 되더란다. 위기를 기회로 삼은 도전 의식에 힘찬 박수를 보냈다. 조리 있고 재치 있는 성공담을 넋 놓고 들었다.

정 선생은 살아온 인생을 줄줄이 엮다가, 뜬금없이 자기가 이 자리에 있게 된 것은 바로 여기 계신 스승님 은혜라고 거듭한다. 할 말이 무궁무진한가 보다. 40여 년이란 세월이 잠자고 있었으니. 남편도 조용히 듣다가 그냥 담임의 소임을 했을 뿐, 워낙 본인이 열심히 한 결과인데 새삼스레 그런 말을 하느냐 했다. 분위기는 숙연해지고 잠시 침묵이 흐를 때 그녀가 흰 봉투를 내놓은 것이다.

이야기는 다시 이어졌다. 고등학교 졸업반일 때 홀로된 엄마는 대학 진학보다는 한사코 취직하기를 종용했다. 그때 진학진로 상담을 하는 담임이 서울교육대학교를 추천했더란다. 학비도 저렴하고 졸업하면 취직하기도 쉽다고. 엄마의 만류를 뿌리치고 마침내 합격을 했다. 그때 그 입학금을 선뜻 담임인 남편이 해주었단다.

정 선생은 이제라도 스승의 은혜에 보답하고자 이 선생과 함께 자리를 마련한 것이라고 했다. 나는 내 제자도 아닌데 눈시울이 뜨겁고 좀처럼 진정할 수가 없어 자리에서 일어나 잠시 밖으로 나왔다. 정작 남편은 전혀 기억도 나지 않고 등록금도 국립대학이니 몇 푼 안 됐을 거라며 하얀 봉투를 정 선생 앞으로 밀어냈다. 정 선생은 그 봉투를 못 본 체 다시 뵙겠다는 인사를 남기고 일어섰다.

그 시절, 오죽하면 큰아이는 아빠는 존경해도 엄마는 불만투성이라고 했을까. 그 한마디는 내게 큰 충격이었으며, 그 후 아이들 앞에서 두 번 다시 쪼들리는 살림을 말하지 않았다. 30대 후반 젊은 교사인 남편은 60학급이나 되는 학교의 교무차장으로 오직 일과 학생들 생각뿐이었다. 잠자는 시간 외에 모든 시간을 근무한다는 각오로 학생 개개인의 환경, 인성, 특기, 장래희망 등을 파악해야 진로상담을 할 수 있으며, 그런 긍지로 살아간다고 누누이 말했었다.

어머님도 위암으로 일 년 정도 투병하다 돌아가셨고 매월 주택융자금까지 낼 때라 정 선생의 입학금을 의논했던들 내가 찬성했겠는가. 정 선생의 합격은 담임에게도 영광된 일이었지만 교사의 박봉을 기꺼이 내놓기란 쉽지 않았을 것이다.

남편은 이번 정 선생의 꼭꼭 숨어 있던 입학금도 유니세프로 보내겠단다. 퇴직 후 매달 유니세프를 비롯해 몇 군데 후원금을 보낸다는 것을 몇 년 전, 내가 척추수술을 한 뒤 당신 이름으로도 보내겠다고 할 때 비로소 알았다. 얼마만큼 더 살아야 남편을 안다고 말할 수 있을는지.

40여 년간 잠자고 있었던 이야기는 한 편의 드라마였다. (2016. 6)

제비 사랑

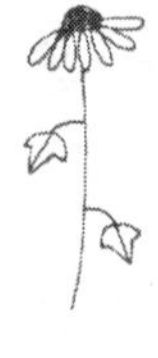

노란 주둥이를 짝짝 벌리고 있다. 누구 입이 더 클까요~ 내기라도 하듯이. 제주시 변두리 아들 집에 제비부부가 새끼 다섯 마리를 길렀다. 여름날 이곳에 오면 간혹 휙휙 날아다니는 제비들은 보았지만 어쩜 아들네에. 보고 또 본다. 얼마만인가.

예정대로 올레길을 걸으려면 지금 떠나야 한다며 작은손자가 연신 할머니를 불러댄다. 꼼짝 않고 유리창 너머 제비집만 바라보고 있으려니 그예 손자가 2층으로 올라와 내 손을 잡아끌며 그동안 지켜본 이야기를 들려준다. 어미가 벌, 나비, 잠자리 등을 물고 올 땐 집안이 시끄럽다는 둥, 둥지 밑에 상자를 대줘도 똥을 자꾸 옆으로 싼다는 둥 숨이 가쁘다. 미련이 남았지만 식구들을 따라 나선다.

올레길 여정을 마치고 구좌읍 허름한 음식점이다. 번호표를

든 수십 명의 손님들이 처마 밑에서 서성이는데, 제비들이 사람들 머리 위로 쉼 없이 드나든다. 눈이 점점 휘둥그레진다. 자그마치 제비집이 여섯 개나 된다. 새끼들이 아직 보이지 않는 곳도 있으나 두어 군데에서 찍찍거린다. 그중 한 집에는 역시 다섯 마리나 되는 새끼들이 어미가 물어온 먹이를 먹고도 더 먹겠다고 야단들이다. 뜻밖에 순서를 기다리는 동안 손이 닿을 듯한 지척에서 제비들을 보고 있다.

하굣길에 책보를 던져 놓고 논두렁 밭두렁으로 뛰어다니며 삘기를 찾던 어린 시절. 그 부드러운 삘기를 잘근잘근 씹으면 입 안 가득 단물이 괸다. 또래들은 허기진 배를 달래며 풀밭에서 깔깔댄다. 넓디넓은 들녘은 우리 꾸러기들과 멋진 비행을 자랑하는 제비들 세상이다. 그때쯤 제비들은 낮게 날아다니며 무논의 진흙을 물어다 부지런히 집을 짓고 알을 낳기 시작한다.

사랑채 처마 밑이나 문간에 그리고 대청마루 대들보 옆에 제비들이 다투어 집을 지었다. 보통 대여섯 군데나 돼 그 새끼들이 커갈 때는 집안이 온통 제비들 세상이었다. 아침에 눈 뜨자마자 제비집을 살펴보는 건 나의 일과였다. 학교에 갈 때나 다녀와서도 비좁은 집의 여러 새끼들이 궁금했다. 힘세고 사나운 새끼들만 먹이를 먹는 건 아닌지. 혹시 막내는 못 얻어먹고 떨어지지나 않았을까 두리번거렸다. 뒤로 돌아선 채 마치 연미복을 자랑하는 듯 꽁지 밑에서 똑 떨어지는 똥도 내겐 마냥 귀여웠다. 엄마는 지저분하고 귀찮다고 했지만. 1년에 두 배나 새끼들이 쳐 나갈 때도 있었다. 제비가 새끼를 많이 치면 풍년이

들고 제비가 낮게 날면 기다리던 비가 온다고 믿었었다. 집집마다 제비 가족이 사람과 더불어 살았다.

'제비가 물고 온 흥부의 박씨'는 우리의 전래동화지만 오스카 와일드의 『행복한 왕자』에서도 제비는 시사하는 바가 크다.

도시 한복판에 행복한 왕자의 순금 동상이 서 있었다. 동상의 두 눈은 사파이어가 박히고 그의 칼자루는 루비로 빛났다. 늦가을, 갈대 아가씨와 사랑에 빠졌던 제비 한 마리가 그 동상 발등에 앉아 잠을 청하려는데 빗방울이 떨어지기 시작했다. 그것은 왕자의 눈물이었다. 제비는 왕자의 부탁으로 동상의 금과 보석들을 떼어 불쌍한 이들에게 나눠 주었다.

제비는 얼어 죽고, 왕자의 동상도 철거된다. 그러나 하느님은 천사에게 이른다. 왕자의 심장과 제비의 시체를 하늘나라로 가져오라고. '제비는 내 낙원에서 노래를 부를 것이오, 왕자는 나를 찬양토록 하리라' 한다. 왕자의 박애 정신과 제비의 사랑이야말로 조건 없는, 다함없는 사랑이 아닐 수 없다.

예로부터 제비는 삼월 삼짇날 찾아왔다가 9월 중구쯤 강남으로 돌아가는 기후의 전령사였다. 또한 행운을 상징하고, 성공과 번영, 상서로움을 드러내는 길조라고 믿었다. 우체국의 상징이 제비인 것도 그의 정확성, 신속성, 다정함 때문이란다. 귀소성이 강해 매년 같은 지방에 돌아오는 예가 많고 둥지는 새로 짓기도 하고 보수해서 사용하기도 한다. 시인 오상순이 제비를 일컬어 '사람과 공통된 지·정·의(知·情·義)를 가진 동물'이라 한 것도 그리 과장은 아닌 듯싶다.

여름 하늘을 곡예사처럼 누비고 전깃줄에 나란히 앉아 '지지배배' 정담을 나누던 제비들이 언제부턴가 눈에 띄지 않는다. 산자락에 위치한 우리 동네에선 십여 년 전까지만 해도 이따금 그들을 볼 수 있었는데 아파트 재건축으로 지금은 찾아볼 수가 없다.

제비가 없는 세상, 일찍이 상상하지 못했는데 현재는 그런 곳에서 살고 있다. 온통 회색 일색에 둘러싸여 위로만 치솟는 빌딩들의 오만함이 제비를 내몰고 만 것이다. 비인간화의 현대 문명사회를 비판하면서도 우리는 편리함이란 이기심에 젖어 살아간다. 인간도 자연의 일부요, 자연과 조화를 이루면서 공존하고 있다. 제비는 환경의 바로미터라고 생각한다. 더불어 사는 세상이 낙원인 것을. 우리의 전설 속에서 제비가 가져온 행복도 자연이 인간에게 베푸는 혜택을 상징하는 것이 아닌가 한다.

제주의 작은손자가 제비의 나머지 일기를 전한다. 요즘은 한두 놈이 날개를 푸드덕대며 날기 연습을 하면서 난간에 앉기도 하고, 비 오는 날은 다섯 놈이 쪼르르 앉아 지저귄다고. 아들 역시 난생처음 제 집에 제비가 찾아와 집 짓고 새끼까지 낳았다며 연신 싱글댄다. 흥부의 박씨라도 물고 올 듯싶나 보다. 내 마음도 덩달아 설렌다. (2014. 6)

백자항아리는 만남이다

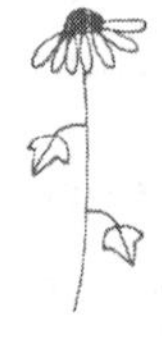

추수가 끝난 들판의 엔실리지는 한 폭의 설치미술이다. 단풍 선연한 산들이 주름치마처럼 포개져 있고 수입천 맑은 물이 산기슭 따라 휘돌아간다. 그곳엔 수달가족들이 숨바꼭질하고 꺽지, 어름치도 서식하고 있다지. 청정지역인 양구는 일찍이 백자를 만드는 백토와 도토(陶土)를 가슴 깊이 품고 있었다. 특히 방산면은 도자기 생산지로 조선시대에는 경기도 광주 분원에 원료를 공급했던 곳이다.

일행이 제일 먼저 찾은 곳은 양구백자박물관이다. 때마침 도예전이 열리고 있었다. 양구백토로 제작해 번조(燔造)한 명장들의 명품이었다. 갖가지 문양이 그려진 전통기법의 작품들은 아름다움의 극치라고 해야 하나, 눈이 호사한다. '흙이면서 옥이고, 도공이면서 화가요, 조각가다'란 말이 실감나는 순간이다.

하지만 백토의 매장량은 한정돼 있으므로 최근에는 유약 개발에 힘쓰고 있다고 한다. 그 연구 개발이 성공하여 양질의 '양구백토'가 세계적인 멀티브랜드로 각광받았으면 싶다.

박물관은 양구의 백자생산역사 600년을 정립해 놓은 곳이다. 전시실에선 조선백자의 하얀 빛과 코발트 색깔의 다양한 문양이 어우러진 생활도자기가 눈길을 끈다. 방산 지역에서 출토된 도기를 비롯하여 백자병, 백자호, 향로, 연적 등을 감상하고 있는데 기억의 한 자락이 고개를 든다.

오래전부터 간직하고 있는 백자항아리 한 점이 있다. 4남매를 기르며 살림에만 전전긍긍할 때 골동품 수집에 남다른 집착을 가진 친구가 있었다. 그 친구는 추사 김정희의 서화 몇 점, 백자, 청자, 분청사기 항아리, 토기 등 상당히 많은 작품을 소유하고 있었다. 그 중 달항아리를 신줏단지 모시듯 했다. 좌우 대칭이 맞지도 않은 삐뚜름히 기운 항아리를 왜 그처럼 중히 여기는지 그땐 몰랐다. 그래도 수집하게 된 그의 사연과 작품해설이 더없이 흥미로웠다. 추임새를 넣으며 경청했다. 나도 차츰 귀가 뚫렸다. 친구는 어느 날 사각 연적과 토기 한 점을 내게 주었다. 보물인 양 소중히 여겼다.

그 후 친정에서 오래된 제기접시와 탕기 몇 개를 가져왔다. 거실 피아노 위에 올려놓은 연적과 토기 옆에 제기그릇도 나란히 장식했다. 색다른 그릇만 봐도 애지중지하는 내게 시어머니는 개성 집 다락에는 예쁜 자기그릇들이 많았다고 하시며 무언중 젊은 며느리인 내 마음을 헤아려주셨다.

6·25전쟁 때 피란길에 오른 시어머니, 오매불망 두고 온 고향을 그리다가 그만 돌아가셨다. 초상을 치른 뒤에 남은 부의금을 의미 있게 쓰고 싶었다. 가신 지 한 달쯤 지나 어머니를 기릴 만한 것이 무엇일까, 남편과 골똘히 의논하다 골동품 몇 점을 사기로 했다. 친구한테 부탁해 백자청화수복문호(白磁青畵壽福文壺), 회백색항아리〔灰白色壺〕, 백자항아리, 명기 등을 샀다. 안방 문갑 위에 두고, 들고 나면서 보다가 이사하면서 유난히 관심 있는 딸에게 주었다. 백자항아리만 남겨놓고.

백자항아리는 친구의 달항아리보다 작고 비교할 바 못 되지만 그 모양이 참으로 비슷하다. 어머니가 남기고 가신 유품으로 생각하며 달항아리인 양 귀히 여긴다. 양면의 곡선이 조금 어긋나 보인다. 부정형의 원이 그려 주는 무심한 아름다움이다. 아주 일그러지지도 않았으며 그렇다고 둥그런 곡면을 그린 것도 아닌 어수룩하면서 순박하다. 부족한 듯하면서 완벽하고 완벽한 듯하면서 부족하다. 흰색 같으면서 유백색인 듯하고 때론 회백색인 듯도 하다. 은은하면서도 그윽한 색, 차면서 부드럽고 부드러우면서 찬 느낌이다. 완벽한 조형미보다는 모자란 듯 둥근 멋이 오히려 마음에 든다. 저런 모양, 저런 색을 어찌 만들어낼 수 있었을까. 그 도공의 손은 신의 손이었을까. 흙에서 빚어낸 자기 자신의 분신이오, 혼의 화신(化身)이다.

저 항아리에는 무엇이 담겨 있었을까. 씨앗, 장(醬), 꿀 아니면 술이었을까. 가만히 그 속을 들여다본다. 아무것도 없는 텅 빈 항아리. 형상만 없을 뿐 우주가 다 들어가 있는 듯, 단정하면서도 기품이 있고 고고하면서도 서민적인 냄새가 풍긴다. 정화수 앞에서 합장하고 있는 시골집의 수더분한 부인 같다. 젊어서 일찍 혼자되신 시어머니 모습이 겹쳐진다.

거실 탁자 위에 놓인 백자항아리에 가끔 꽃을 꽂는다. 봄에는 어머니 성묫길에 꺾어온 찔레꽃을, 가을에는 구절초를 꽂곤 한다. 추석 성묘 때 꺾어온 하얀 구절초 한 묶음이 어머니인 양 청초하고 화사하다. 보통은 텅 비어 있을 때가 많다. 어머니의 곡진한 삶이 항아리에 담겨진 양 바라본다.

아이들이 결혼해 한 식구 한 식구 떠나면 어머니와 함께 7식구가 살았던 오래된 사연부터 그들의 성장과정을 차곡차곡 담아 두기도 했다.

백자항아리는 내게 마음으로 대화를 나누는 시간과 공간을 초월한 만남이다. (2017. 11)

하루 또 하루

환자와 나, 거실에는 두 사람뿐이다. 환자는 휑한 눈으로 나만 좇고 있다. 한마디 말도 못한 채 긍정도 부정도 머리로만 한다. 겨우 고개를 끄덕이거나 가로 젓고만 있다. 나는 소리를 지를 수도 그렇다고 원망할 수도 없다. 상대에게 대항할 힘이 있을 때 큰소리를 치거나 짜증을 내거나 못마땅히 여길 수도 있다. 내겐 단지 시중을 들고 묵묵히 실천하는 행동만 요구된다.

남편을 씻겨야 하며 세끼 식사, 간식은 물론 제시간에 약도 챙겨야 한다. 남편의 오른손은 움직일 수가 없다. 불편하지만 왼손으로 식사해도 되련만 그만한 정신력도 의지도 없는 것 같다. 끼니때가 되면 눈만 껌뻑일 뿐 먹을 생각을 하지 않는다. 혹시 절망적인 '한계상황'에 처할 때 나를 위로할 말이 있잖을까, 전전긍긍하며 치맛자락 불날세라 종종걸음 친다. 힘이 든다는 말도, 피곤하다는 말도 내겐 사치다.

솔제니친의 처녀작 『이반 데니소비치의 하루』가 계속 머릿속을 맴돌고 있다. 스탈린 시대 수용소의 하루라는 지옥과도 같은 비일상적인 공간을 통해 평범한 일상의 진실을 전하고 있다. 수용소 생활 8년째를 맞이한 데니소비치는 아침을 죽으로 먹고, 빵 하나를 둘로 나눠 그 한 쪽을 침대에 숨긴다. 발전소의 벽과 지붕 만드는 작업을 하면서 점심엔 죽을 두 그릇이나 먹는 행운이 따른다. 1인 분의 죽을 더 먹을 수 있었다는 만족감에 그는 '행복하다고 할 정도의 하루'라며 잠자리에 든다.

어떤 명령이나 요구조건 하나도 표현하지 못하는 남편. 그런 환자 곁에서 왜 이 소설이 불쑥불쑥 생각나는지. 데니소비치처럼 강제노동을 하는 것도 아니고 빵조각을 숨길 필요도 없는데 말이다. 벗어날 수 없는, 벗어나서도 안 되는 숙명이라 생각하면서도 이 숨 막히는 환경에서 나도 모르게 벗어나고 싶은 생각이 굴뚝같다.

그러나 인간의 기본권인 자유와 권리, 과연 현실에서 얼마나 실행되고 있을까. 내가 선택한 것 혹은 내게 선택된 것도 보편적 사회 분위기에 따른 어쩔 수 없는 선택일 뿐, 자신의 가치를 지니기 위한 절대적 자유와 권리는 아니라고 할 수 있다. 자의든 타의든 수많은 억압 속에 살고 있는 것이 현실인 것을. '자유를 모르는 것은 아니지만, 당신에게는 복종만 하고 싶어요'라는 한용운의 시구가 스쳐간다. 복종하는 것은 아름다운 자유보다 행복이라고 하잖나.

경칩 무렵, 남편은 자꾸만 어지럽다며 걸음을 잘 걷지 못했다. 서둘러 신경과에 다녔다. 효과가 없었다. 몇 발짝만 걸어도 주저앉아 엉덩방아를 찧었다. 어쩌다 외출하는 날도 남편의 일거수일투족에 신경을 곤두세웠다. 정원의 산수유, 진달래, 조팝나무 꽃이 피고 져도, 찬란한 봄을 완상할 겨를이 없었다.

마로니에 꽃이 필 무렵, 남편은 혼자 다녀올 수 있다며 집을 나섰다. 아파트 옆 헬스장에서 간단한 운동을 마치고 집으로 오는 길에 그예 경비실 근처에서 앞으로 고꾸라지고 말았다. 경비원이 119에 연락한 후에야 나는 그곳에 도착할 수 있었다. 헬스장에 가지고 갔던 수건은 피투성이가 되었다.

이마와 콧잔등을 20여 바늘 꿰매고 오른손은 팔꿈치까지 깁스를 했다. 게다가 5일간 입원하고 있는 동안, 걷기는커녕 일어서지도 못했다. 성형외과를 비롯해 정형외과, 신경외과의 치료를 받았다. 뇌출혈이 있었지만 수술할 정도는 아니라며 퇴원을 강요했다. 요양병원도 생각했으나 환자는 막무가내였다.

내 몰골이 말이 아니다. 마음은 조급하다 못해 초조하고 두려운데 미처 몸이 따라주지 않는다. 힘에 부친다. 병원생활보다 할 일이 몇 배나 더 많다. 게다가 남편은 12년 전, 수술한 인공심장박동기를 교체해야 한다. 예약된 날짜에 다시 입원하게 되면 더 힘들지 몰라 미루던 파마를 해야 할 것 같다.

며느리, 딸들과 함께하는 카카오톡에 공지했다. 누구든 3시간만 아버지를 돌봐달라고. 감감무소식. 외로움이 봇물 터지듯 밀려왔다. 한참 후 막내딸의 댓글이 올라왔다.

"다음 주면 아빠의 컨디션이 좋아지실 거예요. 엄마가 걱정을 좀만 줄이세요."

이런 경황에 무슨 파마 타령이냐는 뜻인지, 우리도 나름대로 바쁘니 좀 기다리라는 말인지. 별도리가 없었다. 며느리나 딸들도 왜 힘이 들지 않겠나. 정년퇴직 후 남편은 식도암을 비롯해 급성신우신염, 담석증에 패혈증까지 응급실과 중환자실을 손가락 꼽을 수 없을 만큼 드나들지 않았나. 그때마다 딸들은 열 일 제치고 달려왔으니, 이젠 그러려니 할 때도 됐나 보다.

며칠이 지났다. 남편에게 귓속말로 일렀다. 한 시간만 혼자 있을 수 있느냐고. 파마 좀 해야겠다고. 고개를 끄덕였다. 8차선을 건너 장미공원을 지나 골목으로 접어들면, 단골로 다니던 '착한 미용실'이 있지만, 집에서 가장 가까운 미용실로 내달렸다.

생각보다 손님이 많았다. 누구든지 빨리 파마 좀 해달라고 허둥댔다. 그래도 선뜻 해줄 생각을 하지 않았다. 다시 재촉했다. 옆에서 커트를 하던 남자미용사가, 자기가 해줄 테니 준비하라고 했다. 그가 특별한 이유라도 있느냐고 물었다.

"남편이 많이 아파요. 잠시도 혼자 둘 수 없어요. 집에 혼자 있거든요."

그가 고개를 갸우뚱하며 웃었다.

"그 연세에 그처럼 애틋한 마음이 남아 있을 수 있어요? 나도 손님 나이가 됐을 때 와이프가 손님처럼 배려해줄 수 있을까. 좀 생각해봐야 되겠네요."

뜻밖에 말을 듣고 보니 오히려 쑥스러웠다. 지나치게 내 감정이 드러났나. 빨리 해달라는 말밖에 하지 않았는데 말이다.

한 시간쯤 지났다. 자기네 미용실에선 머리를 말고 집으로 가는 사람이 없어 머플러가 준비돼 있지 않다며 이 서랍 저 서랍 뒤졌다. 결국 허름한 보자기로 머리를 싸매고 집에 왔다. 남편에게 환자가 먹는 보조식품을 챙겨준 후 다시 미용실로 가서 파마를 마무리했다. 원장은 20여 년 동안, 나 같은 손님은 처음이라며 추가 요금을 받지 않았다.

퇴원한 지 15일 만에 남편은 예정대로 두 번째 입원을 했다. 최신형 박동기를 달고 일주일 만에 퇴원했지만 몹시 지쳐 있었다. 영양주사를 몇 번이나 맞아도 점점 더 말을 잃고 의식도 가물가물 꺼져가는 듯했다. 그럴수록 나는 신념과 희망으로 하루하루를 버텼다.

휠체어에 힘없이 고개를 숙이고 앉아 있는 남자. 흰 머리는 가뭄에 콩 나듯 듬성듬성하고, 등은 활처럼 휘었다. 그 많던 머리숱, 당당하고 떡 벌어진 어깨. 한때 그에게도 남부럽잖은 젊음과 건강이 있었다.

심장이 고동치고 피가 뜨겁던 학창시절, 토요일이면 둘이서 학교가 위치한 청량리에서 종로까지 그냥 걸었다. YMCA에서 철학 강의를 듣고 내가 시골집에 내려갈 땐 서울역과 용산을 거쳐 한강을 건넜다. 노량진에서 버스를 타야 하지만 한강 인도교를 되돌아 건너오고 또 건너가 비로소 버스에 오르곤 했다. 그렇게 함께 걸을 때마다 남자는 기억조차 아물아물한, 교과서에 실렸던 시조나 「관동별곡」, 「기미독립선언문」 등을 적절히 구사하고 인용하며 사물에 대한 자기 생각을 조곤조곤 털어놓았었다.

세월은 우리를 연리목(連理木)처럼 살라고 했다. 한 지붕 밑에서 남자는 교직을 종교로 삼았고, 여자는 4남매 중 셋째가 선천성심장질환을 갖고 태어나 애면글면 길렀다. 종로 거리 한번 걸어보지 못한 채 세월이 흘렀다. 결혼한 지 12년이 되던 해, 처음으로 설악산을 찾았다. 30대 후반 '퍼브리카 800'이란 승용차를 몰고. 휴게소에서 엔진과열을 점검하고 냉각수를 보충하면서 한계령 험한 길을 겨우겨우 넘었다. 그렇게 어느 호텔 주차장에 도착했다. 경비요원이 대뜸 이렇게 작은 차가 어떻게 여길 왔는지 신기하다며 화등잔 같은 눈을 껌뻑거리기도 했다. 면허증을 취득한 지 얼마 안 된 남편의 무식이 용감했다고 해야 하나, 근거 없는 자신감이었다고 해야 하나. 두려움도 모른 채 무모하게 태산준령을 넘었던 것은 젊음의 패기요, 모험의 스릴을 즐기려 했던 게 아닐까. 그 젊음, 송두리째 소진된 걸까. 창밖의 벚꽃은 올봄에도 여전했는데….

기억이란 사랑보다 더 슬프다고 하던가. 사랑하는 감정도 가슴 아픈 감정도 나를 존재하게 해준 소중한 추억인 것을. 오늘도 남편의 밀착간호로 하루를 보낸다. 도도히 흐르는 강물을 내려다보며 지금의 한강대교를 걸었고, 기암괴석의 구불구불한 고개를 위험한 줄도 모르고 달렸던 오래전 여정을 되새겨보면서 말이다.

환자가 호전되는 듯하면 저절로 힘이 솟고 기력이 잦아드는 날이면

나 역시 기진맥진 넋 놓곤 한다. 때론 웃기도 하고 울컥울컥 눈물을 삼키기도 하면서 무려 5개월로 접어든다. 그동안 의식도 차츰 회복되고 휠체어는 보행기로 바뀌고 혼자 화장실 이용도 샤워도 할 수 있다. 하지만 야윌 대로 야윈 몸, 언제쯤 외출이 가능할는지. 마당의 온갖 꽃들도 자취를 감춘 지 오래고 온통 초록 일색이다.

데니소비치의 수용소 생활은 10년 동안 이어졌지만 하루처럼 살아간다. 강제노동이라 할지라도 성실하게 몰두하며 자신의 운명으로 받아들이고 그날그날 살아남는 데서 행복을 찾는다.

남편 곁에서, 편안한 잠자리와 일용할 양식이 있고 뜻밖에 미용실원장의 파마 행운도 누렸으니 더 무엇을 바랄 것인가. '이것 또한 지나가리라'하는 희망으로 하루를 보내고 또 하루를 맞이하고 있다. (2019. 6)

첫국밥

‘딸 둘에 아들 하나면 금메달, 딸만 둘이면 은메달, 딸 하나 아들 하나면 동메달, 아들 둘이면 목메달’이라고 한다. 현 시대를 반영하는 유머러스한 이야기로 그만큼 아들보다 딸을 선호하는 사고가 커졌으며 여권이 신장되었다는 말이 아닐까 싶다. 나는 아들 하나에 딸이 셋이나 되니 무슨 메달일까.

막내딸을 병원에서 낳고 누워 있을 때였다. 한참 만에 오신 시어머니는 가만히 내 손을 쥐고 ‘수고했다’는 말 한마디만 남기고 슬그머니 나가셨다. 곧 들어오실 줄 믿었는데 끝내 오시지 않았다. 영문을 몰라서 어리둥절하면서도 어미 없는 집에 고만고만한 세 애들이 걱정되어 그냥 돌아가신 것이라 생각했다. 하지만 어머니께서 가신 지 한나절이 훨씬 지나 캄캄한 밤이 됐을 때 뜻밖에 집에서 연락이 왔다. 어머니가 아직도 병원에 계시냐고 했다.

내가 첫아들을 낳았을 때 어머니는 조선 팔도에 당신 혼자만 첫손자를 본 것 같다며 '이제 죽어도 여한이 없다'고 하셨다. 덩실덩실 춤이라도 추고 싶단다. 물기 있는 손으로 문고리를 만지면 손이 쩍쩍 들러붙는 음력 선달 초순, 어디서 힘이 솟았는지 치맛자락 날리며 잽싸게 움직이셨다. 마당의 수도는 싸매도 꽁꽁 얼어붙어 주전자에 끓인 물을 부어가며 사용해야 했다. 오랫동안 힘든 장사로 골병이 든 어머니는 자주 누워 지냈는데, 따뜻한 밥을 하루에 네 번씩 해주셨다. 남편만 겨우 먹던 달걀을 고기 미역국에 넣어 주기도 했다. 그런 어머니가 셋째 딸을 낳았다고 가출까지 하신 것이다.

결혼하고 얼마쯤 지났을 때 뒤란 한편에 널어놓은 생리대가 외출에서 돌아온 어머니 눈에 띄었다. 저녁을 먹고 조용한 시간이었다. 어머니는 남들은 결혼하자마자 애도 잘 낳던데 너희들은 오랫동안 연애를 했으면서 아직도 애가 없느냐며 땅이 꺼지도록 한탄을 하신다.

"내가 워낙 박복하니 무슨 일인들 순조롭겠니?"

어머니의 기도가 하늘에 닿았을까. 새색시가 된 이듬해 첫아들을 낳았다. 어머니의 염원 덕분인지, 내 바람이 은연중 이뤄진 것인지, 오래 기다리지 않고. 어머니는 우리 집 빨랫줄에도 하얀 기저귀가 펄럭이다니, 이게 꿈인가 생시인가, 기저귀를 갤 적마다 되뇌곤 하셨다. 한번은 강아지가 떨어진 기저귀를 장난치며 물어뜯는 것을 보고 그길로 그 강아지를 친구에게 주셨다.

어머니는 아들만 셋을 낳았는데 막내인 남편 하나를 겨우 길렀으며 남편이 6살 되던 해, 혼자되셨다. 젊디젊은 나이에 그 아들 하나만 바라보며 사셨다. 더구나 6·25전쟁을 겪으며 개성에서 아들과 둘이 피란을 나오셨다. 아들이 학업을 마치고 교직에 몸담은 뒤, 어렵사리 내 집을 장만할 때까지 맹모삼천지교가 무색할 만큼 학교 근처에서만 셋방살이를 하셨다. 그것도 길을 건너면 안 된다며 무려 십수 년 동안 학교와 같은 방향에서만 사셨으니 어머니의 자식 사랑은 애착을 넘어 집착이라고 할까. 아니 사랑의 중독이라고 하는 게 옳을 거 같다.

어머니는 딸이 태어날 때마다 다음엔 꼭 아들을 낳아야 한다며, 아들 하나는 당신 하나로 족하다고 했다. 그런데 또 딸을 낳았다는 소식을 듣고 훌쩍 어디론가 떠나고 싶은 것을, 간신히 병원에 왔단다. 병원 옥상에서 하염없이 눈물 흘리며 기도하다 보니 어느새 사위가 어두워지고 가로등이 켜졌다. 천근같은 몸을 추스르고 집에 도착하니 손자, 손녀들이 반갑게 할머니를 부르며 팔짝팔짝 뛰면서 매달리는 바람에 갈피를 못 잡던 마음이 차츰차츰 가라앉았다고 하셨다. 그래도 그날 밤은 뜬눈으로 새며 당신의 살아온 세월을 더듬어보았다고, 훗날 들려주셨다. 어머니의 전철을 당신의 며느리에겐 대물림하고 싶지 않다고 애면글면했는데. 그 착잡한 마음 달랠 길이 없었나 보다.

막내딸의 예정일이 늦어지면서 하루하루가 초조하고 불안했다. 발등이 말갛게 부어 금방이라도 풍선처럼 터질 것 같았고 심한 감기로 목소리가 잠겨 전화도 받을 수가 없었다. 그런 와중에도 나는 남편에게 또 딸이면 아들 하나 더 낳을 때까지 계속 낳겠다고 누누이 말했다. 시어머니는 네 배가 그렇게 부르니 이번엔 아들 쌍둥이가 들었나 보다고 하셨다. 당신의 몸이 부서져도 그 애들 다 길러주시겠단다. 친정 부모 역시 일찍 낳은 아들 넷을 모조리 잃고 아들에 대한 열망이 더할 수가 없었다. 그런 환경에 젖어온 내가 시어머니의 한을 풀어드리고 싶었던 것은 인지상정이 아니겠는가.

막내는 분만촉진제를 맞고 예정일보다 3주 정도 늦은 난산 끝에 태어났다. 주치의는 산모가 더 이상 임신을 하면 위험하다고 단호하게 말했다. 그래도 나는 끝까지 아들 하나를 더 낳고 말겠다고 고집했다. 마침내 의사는 남편을 불렀다. 물론 어머니도 옆에 계셨다. 어머니는 내 편도 남편 편도 못 든 채 어정쩡한 태도였다. 결국 정관수술을 하겠다던 남편은 슬그머니 꽁무니를 빼고 수술실로 끌려간 나는 난관 결찰술을 받았다. 첫아들을 낳았을 때 어머니가 해주셨던 첫국밥을 꼭 한번 더 먹고 싶었는데, 그것은 한낱 꿈이었다.

아들 하나, 딸 셋은 아마도 금강석 메달이 아닐까. (2012. 6)

고향을 잊으려다

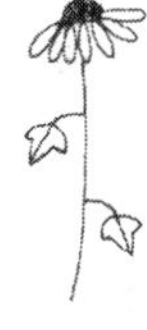

'중금·부동·화전·구방·포동 다섯 동네가 오순도순 둥지를 틀었던 그 아늑하던 산·들·내는 우리들 어머니 품이며 영원한 마음의 고향이요, 이 땅의 터 잡아 누대를 살아오며 때로는 기쁨에 절로 흥겨웠고 더러는 슬픔을 함께 나누던 우리네 얼과 혼이 깃든 삶의 터전입니다. 다만 이끼 낀 전설처럼 사라져간 삶의 모습을 이 비에 간직하고 고향을 잃어버린 한을 이 동산에 묻을 따름입니다.'

'망향의 동산' 기념비인 '희망의 나래' 기단에 새겨진 김승기 글 중 일부이다. 할아버지가 그랬듯이 아버지가 대를 이어 농사지으며 마을의 역사를 연면히 지켜 온 이 터전이 그만 댐 건설로 다시는 그 숨결을 들을 수 없게 된 것이다.

2000년 초 어답산(御踏山) 자락에 횡성댐이 완공되면서 자연스레 인공호수인 횡성호가 생기고 이곳에 살던 5개 리(里) 253세대 938명이 이주를 했다. 이 호수는 횡성군민과 원주 시민들의 식수 및 농업·공업용수로 사용된다. 호수가 내려다보이는 옛 화성초등학교 옆 언덕 위에 수몰된 마을의 역사와 유적들을 모아 횡성군 갑천면 구방리에 '망향의 동산'이 조성되었다. 화성(花城)은 '꽃의 성'이라 일컬으며 횡성의 별호라고도 한다.

내가 태어나 자란 곳도 단지 수몰되지 않았을 뿐 일찍이 변화의 바람이 휘몰아쳤다. 초가삼간은 아파트로, 마찻길은 8차선 대로로, 징검다리는 콘크리트 다리로, 외양간은 주차장으로 탈바꿈했다. 게다가 훈훈한 인정마저 불도저 소리에 줄행랑친 듯 싶었다.

벼농사 짓던 샘터를, 할머니 산소가 있던 안골을, 버섯 따던 송굴을, 가재 잡던 능마루 골짜기를 굼벵이 구르듯 더듬더듬 찾아봐도 인사는 커녕 쳐다보는 사람 하나 없었다. 사람 냄새 풍기던 구수한 시골 인심은 끝내 찾지 못한 채 발길을 돌리지 않았었나. 마을 사람들조차 모래알처럼 뿔뿔이 흩어지고 말았으니, 부모님 돌아가신 고향은 섬 아닌 섬이었다.

망향의 동산에는 현대식 건물로 지은 '화성의 옛터 전시관'이 중앙에 자리 잡고 있으며 웅장한 '희망의 나래'와 3층 석탑 2기, 화성정(花城亭) 등이 건립돼 있다. 석탑은 중금리 탑둔지(塔屯地)의 밭 가운데 있던 쌍탑으로 통일신라시대 것으로 추정된다고 한다. 화성정은 갑천변 풍광이 빼어난 언덕에 있던 정자인데 노인정으로 사용하던 것이다. 그중에서 눈길을 사로잡는 것은 단연 '희망의 나래' 기념비다. 직선 조합으로 구성된 새의 양 날개는 힘차게 비상하는 희망찬 내일을 상징하고, 그 날개엔 고향의 정취를 한 아름 담은 소, 새, 길, 나무, 강아지, 허수아비 등이 돋을새김으로 망향의 정을 그리고 있다. 황소는 제일 값비싼 우리 집 재산 목록이고 올벼 논의 허수아비는 내 친구 아니었던가.

전시관은 수몰민들의 애환이 깃든 생활도구와 수몰되기 전 흔적들을 전시해 놓고 있다. 각종 농기구와 아낙네들의 살림도구, 새끼 꼬는 기계, 가마니틀, 탈곡기, 물레, 씨아, 풍구 등 손때 묻은 것들이 가지런하다. 그런 기구와 기계 위로 밤늦도록 새끼 꼬던 아버지, 화롯불에 인두 꽂아놓고 바느질하던 어머니, 목화솜으로 실을 잣던 물레 앞의 증조모, 벌거숭이 웃통의 일꾼들이 벼 타작을 하던 모습, 풍구로 여물 솥에 겻불을 지피던 단발머리 소녀의 영상들이 겹쳐진다. 사무치도록 그리운 선대들의 모습과 정경들이다. 이제는 사진이나 전시관의 유물로 남아 기억의 저편에서 가물거린다. 오늘은 어제의 산물, 그 오늘은 어제를 까맣게 잊고 살아간다.

화성정에 올라서니 횡성호가 한눈에 내려다보인다. 남한강으로 흘러가는 섬강의 물줄기가 잠시 머물고 있다. 어답산을 벗하고 서 있는 화성정에 묵객은 간데없고 정외팔경(亭外八景)의 시구(詩句)만이 나그네 가슴을 적신다. 횡성호의 잔물결 청청한데 그 속에 잠긴 먼 기억의 풍광들은 아련함만 더해간다. 아름다운 사랑도, 가슴 시린 추억도, 한 조각의 삶마저 다 흘러가는 강물이 아니던가.

가슴속에 묻어둔 내 고향 숨결이 어느새 물결 위로 물안개 되어 피어오른다. 꿈을 키우던 초등학교, 나무 지게에 따라온 진달래, 냇가에서 퐁퐁 튕기던 물수제비, 물주전자를 들고 어머니 뒤를 따라다니던 논틀길, 물뱀·실뱀·구렁이·살모사들이 수놓다시피 한 들판, 그 뱀에 물려 한참을 고생하시던 할머니. 하굣길에 돌이네 울타리에서 감 따다 들켜 혼나던 친구들, 야단 끝에 얻어먹은 돌이 할아버지의 감 한 개. 어느 것 하나 그립지 않은 것이 없으련만 낯설고 발길 뜸한 지 오래다.

망향의 동산에서 어답산 자락에 텅 빈 나룻배 같은 고향의 그리움을, 저 물비늘 반짝이는 횡성호 속에 잠재우련다. 깊이 더 깊이.

(2013. 11)

꺼지지 않는 불꽃

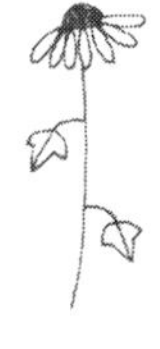

버나드 박을 알지 못했다. 무엇을 하는 누구인지. 그녀를 만나고 비로소 버나드 박이 가수라는 것을 알았다. 그녀는 옆 침대 환자의 간병인이다.

옆의 환자는 나보다 일주일 뒤, 같은 무릎관절수술을 한 사람이다. 그 환자는 시도 때도 없이 의사에게 진통제를 놔달라고 하라면서 간병인을 조른다. 수술하기 전날에는, 내게 수술의 자초지종을 미주알고주알 캐물었다. 통증은 얼마나 심하고 화장실은 언제부터 혼자 다닐 수 있었느냐는 등. 게다가 자식 자랑을 '헌 체에 술 거르듯' 경상도 사투리로 술술 풀어놨었는데. 수술한 그날부터 대엿새가 지나도록 거의 말을 하지 않는다. 식사도 못한 채 무턱대고 진통제 소리만 하고 있다. 환자를 돌보는 그녀는 링거액 체크와 진통제만 놔주도록 하면 된다.

그녀의 손에선 스마트폰이 떠나지 않는다. 이따금 환자가 불러도 듣지 못하다가 나를 돌보는 간병인이 큰소리를 쳐야 잠에서 깬 사람처럼 깜짝 놀라 허둥댄다. 냉장고 위의 유선 전화기도 깨지지 않은 게 이상할 정도다. 수없이 떨어뜨렸다. 몸도 무겁고 척추수술을 했다고 하더니 걸음걸이도 불안정하다. 하지만 무릎관절에 대한 설명은 퍽 합리적이고 논리적이다. 수술환자들의 고통은 무릎꺾기인데 그것도 '과하면 부족함만 못하다'고 자기 몸이 허락하는 만큼만 반복하란다. 식욕도 뭐니 뭐니 해도 시간이 약이라나. 낭랑한 목소리로 이야기를 하면서도 눈은 스마트폰에 꽂혀 있다. 그녀는 버나드 박 일정에 관심을 쏟으며 틈만 나면 그의 동영상을 보고 있다.

아픔을 잊기 위해 그녀의 이야기를 경청했다. 맑고 또랑또랑한 목소리로 솔직한 심정 고백이 마음에 닿았다. 취미생활을 이해하고 인정해 주니, 내 간병인의 휴일일 땐 나를 극진히 돌봐준다. 가져온 배추꼬리를 얇게 저며 주고 상추쌈도 싸주며 어떻게든 입맛을 찾아야 몸도 빨리 추스를 수 있단다. 이어폰을 끼고 버나드 박의 노래를 따라 부를 땐 나도 큰소리로 부르라고 주문한다. 그녀의 노래는 한낮의 무기력과 권태를 시나브로 잠재워주곤 했다.

버나드 박(Bernard Park, 1993년 생)은 한국계 미국인 가수이다. 2013년 《K팝스타 시즌3》에서 우승하였고, JYP 엔터테인먼트와 계약해 활동 중이다.

그녀는 그때부터 버나드 박의 노래가 더없이 좋아 그가 가는 곳이면 어디든 따라다녔다. K-pop 스타 때부터 감미로운 목소리에 자기도 모르게 푹 빠졌다. 첫 솔로 앨범이 나왔을 때는 앨범 홍보대사처럼 친구들에게 열심히 홍보도 했다. 서울, 지방 가릴 것 없이 콘서트에 참석해 앨범도 사고, 팬레터를 보냈다.

'버나드 박 목소리는 마음속 깊이 울림이 옵니다. 듣고 있으면 힘들고 괴로운 일 다 잊은 채 세상에서 가장 행복한 사람이 되지요. 계속 좋은 노래 들려주기 바랍니다.'

비 오는 날 그가 부른 '비포 더 레인(Before The Rain)'을 듣고 있으면 저절로 힐링이 되며 눈물이 난단다. 한번은 노래하는 중간에 방청인 추첨에서 뜻밖에 버나드 박이 자기 번호를 불러 펄쩍펄쩍 뛰며 소리까지 질렀다. 꿈에도 버나드 박, 박 했는데 그의 친필 사인은 물론 CD도 받고, 함께 사진까지 찍었으니 오매불망하던 꿈이 이뤄졌다. 그때마다 꽃다발과 선물을 들고 다녔으며 직접 주지 못할 때는 매니저에게 전했다고 한다. 그 나이에 그런 열정이 숨어 있다니. 그녀의 함박웃음과 신바람에 취한 몸짓이 눈에 보이는 듯 선하다. 나도 그녀 곁에 있었다면 손이 얼얼하도록 박수를 보냈을 것이다.

수술한 후 10일쯤부터 물리치료가 시작됐다. 평상시와 달리 전기고문이 이런 게 아닐까 싶었다. 머리끝까지 쭈뼛쭈뼛 솟구치는 듯했다. 두렵고 숨이 멎을 것만 같았다. 진땀이 나고 입 안이 바짝바짝 타들어가며 견디기 힘들었지만 물불을 헤아리지 않고 버나드 박을 따라다니던 그녀를 상상했다. 가수의 노래에 열광하는 청중들 속에 나도 한 사람인 양 스스로 최면을 걸었다. 질렀던 빗장 풀고 먼 길 돌아 잠자고 있던 청춘을 불러내며 견뎠다.

간병인에게는 토요일 오후부터 일요일 오후까지 한 주에 한 번 휴일이 주어진다. 그녀는 애초에 토요일 휴가를 반납하고 다른 날 쓰겠다며 보호자에게 양해를 구한다. 당연히 특별한 일이 있겠지 했다. 그날이 왔다. 아침부터 굼뜬 동작이 날래고 눈이 반짝거린다. 점심도 먹는 둥 마는 둥, 멋진 외출복에 화장 곱게 하고 늦어도 8시까지 온다며 모처럼 외출을 했다. 웬걸, 모든 병실에 전등과 TV가 다 꺼진 10시쯤 고양이처럼 살금살금 들어와 그것도 부족한지 복도에서 스마트폰을 보고 있다. 그날 밤 나는 잠을 설쳐 수면제가 소용없었다.

그녀가 외출에서 돌아와 이틀쯤 지났을까, 이실직고를 한다. 일산 공설운동장에서 열린 농구경기의 오프닝 세레모니에서 버나드 박이 노래를 불렀단다. 자기 분수를 어쩌면 그렇게 모를까 하다가도, 마음이 가는 곳에 몰입할 수 있다는 건 대단한 용기가 아닌가. 나는 왜 나의 일에 몰입하지 못할까. 망설이고 주저하고 두려워하며 합리화했던 나. 그녀는 겻불 사그라지듯 사그라져 가는 나의 불씨에 불을 당겨주었다.

나를 돌보는 간병인은 내게 귓속말을 하며 기가 막힌 듯 혀를 찬다. 그녀는 스마트폰 때문에 간병인 일도 그만두게 됐었는데 아직도 정신을 못 차린다고. 하지만 그녀의 꺼지지 않는 불꽃이 마냥 부럽다.

신바람 나는 몸짓으로 토해 놓는 그녀의 방청석엔 때로 나도 끼어 있는 듯했다. 그녀의 열정은 창밖으로 뛰어내리고 싶을 만큼 견디기 힘든 통증의 나를 웃게 했다.

"그때 경숙 씨를 만났다면 나도 쫓아다녔을지 모르는데…."

무릎관절수술 20일간은 그렇게 끝났다. (2016. 7)

사슴의 전설이 깃든 마을

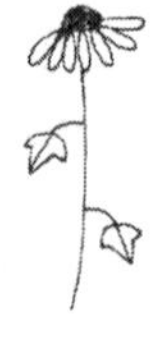

전형적인 농촌 마을 노근리다. 산으로 빙 둘러싸이고 앞에는 내가 흐르고 있다. 노근(老斤)은 본래 사슴이 숨어 있는 부락이라 하여 녹은(鹿隱)이라 했는데 일제강점기 때 그 이름이 너무 어렵다며 노근으로 개칭했다고 한다. 이 마을에 경부선 철도가 지나고 그 밑에 쌍굴다리가 나란히 놓여 있다. 이곳에서 노근리 양민 학살 사건이라는, 일명 '노근리 사건'이 일어난 것이다.

6·25전쟁 초기인 1950년 7월 26일부터 29일까지 충북 영동군 노근리의 철교 밑 쌍굴 일대에서, 미 공군기에 의한 폭격과 미 제1기병사단 소속 군인들의 무차별적인 기관총과 소총 사격으로 300여 명의 무고한 양민들이 희생된 사건이다.

주민들은 굴속에 갇혀 영문도 모른 채 미군의 총알받이가 되었다. 생존자는 고작 20명 남짓이었다. 그런 사건을 겪었음에도 불구하고 살아남은 사람들은 속 시원한 대답도, 아무런 보상도 받지 못하고 반세기 동안 벙어리 냉가슴으로 살아야 했다. 그 역사적 사실을 은폐하려는 미국과 적극적으로 대응하지 못한 우리 정부의 무책임한 소산이 아닌가 싶었다.

전쟁의 비극은 노근리 주민들만의 일은 아니었다. 큰고모네는 수인선(水仁線) 협궤열차가 지나가는 한 농촌 마을에서 살았고, 고모부는 그 마을의 이장이었다. 슬하에 자녀가 없어 오로지 두 식구가 원앙처럼 살고 있었다. 고모부는 후리후리한 키에다 넥타이까지 매고 다녔으니 어린 마음에도 우리 아버지보다 멋쟁이라고 생각했다. 초등학교 시절 방학만 되면 할머니 따라 큰고모 집에 갔었다. 고모부는 손톱도 깎아 주고. 그것도 가위가 아닌 신기한 '손톱깎이'로. 읍내에 다녀올 때면 과자와 과일도 사오셨다. 고모네 마을은 바다가 가까워 해산물이 풍부했다. 더구나 할머니, 고모, 고모부와 같이 오순도순 화롯불에 구워 먹던 조개구이는 집에서는 먹어보지 못한 진미였다. 그 고모부가 하루아침에 행방불명이 되고 말았다.

6·25전쟁이 일어난 그해 7월 어느 날, 고모부는 완장을 찬 사람들에게 무참히 붙잡혀갔다. 이웃에 살던 친동생도 함께. 형제가 한꺼번에 날벼락을 당했다. 예닐곱 명의 장년들이 굴비 두름처럼 엮여 어디론가 끌려갔다. 아낙네들은 물론 아이들까지 뛰쳐나와 '아버지'를 부르며 행렬 뒤를 주춤주춤 쫓아갔었다. 잔잔한 해안가에 거친 파도가 휘몰아치

듯 참외가 익어가고 옥수수가 여물어가던 마을은 순식간에 공포의 도가니였다. 고모부가 끌려가던 그날이 고모와의 마지막 날이었다. 평범한 민간인이라 상담할 곳도 하소연할 곳도 없었다. 고모는 미친 듯이 백방으로 뛰어다녔으나 끝내 까마귀소식이었다. 저녁이면 혼이 나간 사람처럼 파죽음이 되어 쓰러졌다. 그날의 악몽을 누군들 지울 수 있을까. 시신(屍身)이라도 찾을 수 있었다면 세월 따라 잊히기라도 하련만. 전쟁의 한을 간직한 채 고모마저 화병으로 불귀의 객이 되었다. 현충원에서도 시신을 찾지 못하거나 신원을 확인할 수 없는 무명용사의 유해가 더 처연하지 않던가.

'노근리 사건'은 수난의 역사 한복판에 버젓이 자리하고 있었으나, 아무도 들춰보려고 하지 않은 기억 중의 하나였다. 고통스러운 기억은 누구나 잊으려고 노력한다. 하지만 같은 역사를 반복하지 않기 위해선 사건 진상이 철저히 규명되어야 한다. 한의 역사는 결코 되풀이할 일이 아니다.

이제 노근리 사건은 잊힌 역사가 아니다. 생존자들의 증언과 유족들의 끈질긴 진실 규명으로 2004년 '노근리 사건 희생자 심사 및 명예회복에 관한 특별법'이 제정되었다. 희생자들의 넋을 기리고 전쟁의 아픔을 달래며 평화와 인권의 중요성을 재정립하기 위해 '노근리평화공원'도 조성했다.

이보다 앞서 2001년엔 가해 당사국인 미국의 빌 클린턴 대통령이 노근리 사건 피해자들과 한국 국민들에게 유감 표명 성명서를 발표했다. 이는 한·미 관계사나 인권사 측면에서 매우 이례적인 일이었다. 비로소 노근리는 국내외적으로 평화의 소중함을 각인시키는 장소로 거듭나게 되었다.

한편 『노근리, 그해 여름』은 '노근리 사건'을 바탕으로 쓰인 아동 문고다. 작가 김정희는 노근리 굴속에서 평생 잊지 못할 상처를 안은 소녀의 눈으로 고난의 세월을 겪어온 민족의 역사를 담담하게 객관적 시선으로 그려내고 있다. 전쟁의 포화 속에 가려졌던 노근리 사건의 진실을 세상에 알리고 전쟁의 공포와 참상을 글을 통해 경험하게 한다. 2009년에 개봉된 영화 『작은 연못』도 노근리 사건에서 살아남은 정은용의 소설 『그대 우리의 아픔을 아는가』에 의해 제작된 것이다. 영화를 관람하면서 눈물 흘리거나, 가슴 졸이거나, 분노하거나, 절망한다는 것은 오히려 사치일 뿐이다.

6·25전쟁의 총체적인 진실을 우리는 아직도 극명하게 알지 못한다. 얼마나 많은 민간인 학살이 자행되었는지 그 명세한 정보도 우리에겐 아직 숙제로 남아 있다. 인류는 영영 전쟁에서 벗어날 수 없는 것인가. 또 민간인 학살은 언제쯤 전쟁에서 청산될 것인가. 전쟁은 위대한 서사시나 위대한 영웅을 탄생시키는 것이 아니다. 피와 눈물과 고통만 남기는 비참한 일이다. 그래서 전쟁은 일찍이 인류 최악의 총합(總合)이라고 일컫는가 보다.

노근리평화공원 중앙에 우뚝 선 위령탑을 바라본다. '평화, 화합, 추모'를 상징하는 위령탑 앞에서 사슴이 숨어 있다는 마을을 생각한다.

이 땅의 평화는 녹은(鹿隱)의 이야기처럼 전설로만 전해지는 건 아닐까. 그것도 아니면 진정 지구상의 평화는 존재하고 있는 것일까. 저만치 쌍굴 위로 6월의 햇볕이 무심하다. (2013. 6)

큰 짐

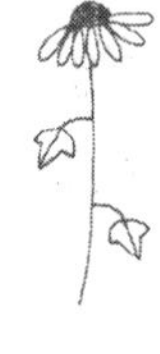

이른 아침 공항 출발을 서두르고 있었다. 그런데 난데없이 남편이 셔츠 단추를 끼울 수 없다며 도움을 청하는 게 아닌가. 그깟 단추 하나 못 끼우느냐 면박을 주려다가 와락 긴장이 되면서 남편의 양손을 살폈다. 이게 무슨 날벼락이람.

문우들과 제주도 여행을 결정한 것은 3개월 전이다. 비행기표를 예매하고 콘도를 예약하고 온통 들뜬 마음뿐이었는데, 남편이 한밤중에 침대에서 떨어져 이마를 부딪치며 양쪽 손목의 골절상을 입었다. 병원에 들를 시간적 여유도 없지만 응급실이 아니면 아직 업무시간 전이었다. 남편은 아프지 않다며 예정대로 출발하잔다. 뒤숭숭하기 그지없지만 약과 필요한 것들을 여행 가방에 챙기고 현관을 나섰다.

공항에 도착한 남편은 진통제를 먹고 그다지 괴로워하진 않았다. 그래도 오가는 여행객들, 창밖 풍경, 이착륙하는 비행기 등, 눈에 보이지만 보는 것이 아니었다. 스치는 것들이 나와는 무관했다. 줄곧 남편의 표정이나 상태만 주시할 수밖에 없었다. 남편은 아무 일 없는 사람처럼 담담할 뿐, 평소처럼 탑승하고 신문을 읽고 기내에서 주는 음료수를 마셨다. 지켜보는 나만 안절부절못했다. 모든 일을 접고 그 즉시 응급실로 가야 할 것을. 나는 어엿한 보호자인데. 순발력 있게 응급 처치하지 못한 책임이 막중할 게 아닌가. 비행기 값이 뭐 아까우며 동인들과의 여행이 뭐 그리 중하다고. 하지만 이미 엎지른 물인 것을. 위기일수록 침착해야 한다고 입속으로 몇 번씩 되뇌며 공항에 마중 나오겠다는 아들에게 문자를 보냈다.

아들을 만났다. 시장하실 텐데, 점심 잡수시고 병원에 가면 안 되느냐고 한다. 아버지는 계속 참을 만하다고 해도 몸이 은연중에 말하니 그럴 수 없다고 잘라 말했다. 시간이 흐를수록 이마와 눈두덩이 점점 더 부어오르고 왼쪽 손목은 뼈가 튀어나온 듯하며 오른 손목도 퍼런 멍이 번졌다. 곧바로 대학병원 응급실로 향했다.

주치의는 이런 상태로 서울에서 이곳까지 오신 게 이해하기 어렵단다. 왼쪽 손목뼈 세 군데가 부러지고 오른쪽은 심하지 않다고 한다. 오른손 뼈를 맞추고 왼손만 직각으로 깁스를 했다. 여행이 뭐라고. 불의의 사고가 발생했을 때 약속도 어길 수 있지. 남편이 조금이라도 아픈 내색을 했다면 이렇게 여행을 강행하진 않았을 텐데. 만감이 교차했다.

아들이 제주도에서 뿌리를 내린 지도 오래 되었다. 좀 일찍 내려가서 남편은 아들네서 지내고 나는 동인들과 합류하기로 한 것이었다. 예정대로 약속한 그날, 제주공항에서 동인들과 만났다. 자주 만나던 문우들이지만 낯선 곳에서 혼자 기다리고 있으려니 가슴이 마구 뛰었다. 왜 하필 비행기는 연착하는 거지. 문우들은 개성 넘치는 보헤미안 차림으로 등장하겠지. 떠나기 전 카카오톡엔 불이 났었는데. 아침저녁은 해 먹고 밤에는 글도 합평해야 한다며 야단법석이었는데. 여행하면서까지 합평이냐고 불평도 했지만 새 회장은 시, 수필 모두 준비하라고 엄명(?)을 내렸다. 여행이 늘 그렇듯 준비과정은 유치하지만 황홀했다. 나도 수필 한 편을 써놓고 세렌게티공원의 임팔라처럼 올레길을 펄쩍 펄쩍 뛰어다니는 꿈을 꿨었는데. 차마 남편의 사고를 입 밖에 낼 수가 없었다.

비가 주룩주룩 내렸다. 삼성혈을 둘러보고 비자림을 산책했다. 거목들이 즐비한 비자나무 숲속 '새천년비자나무' 옆에서 사진들을 찍었다. 아들 집에 혼자 남은 남편의 안위가 걱정되지만 이 순간만은 접기로 마음먹었다. 결국 삶이란 자기 몫이요, 자기가 짊어지고 갈 짐이 아니겠는가.

우산은 썼으나 옷들이 흠뻑 젖었다. 좀 이르지만 아들이 예약해 놓은 음식점으로 향했다. 따뜻한 방에서 젖은 옷들을 말리고 있는데 남편과 아들, 며느리가 왔다. 아침에 얼굴을 맞댔던 식구들인데도 많이 반가웠다. 긴 시간이 흘러간 듯이. 새벽부터 설쳤을 문우들은 술도 한

잔하면서 허겁지겁 맛있게 저녁식사를 했다. 마침내 문우들은 콘도로 떠나고 나는 깁스한 팔을 어깨에 멘 남편과 아들 집으로 돌아왔다.

벼르던 문학기행은 한나절로 끝나고 다음날 바로 상경했다. 정형외과에선 오른손도 금이 갔다며 반깁스를 해줬다. 남편이 할 수 있는 일은 반깁스를 풀고 숟가락질뿐이다. 옷을 입고 벗고, 양말을 신고, 지퍼를 올리고, 벨트를 매고, 목욕을 하고, 화장실 가는 것은 보통사람이면 무의식적으로 행하는 일이 아니던가. 바지를 올리고 내릴 수도 없어 잠옷바지에 한 뼘 정도 구멍을 내니 화장실은 얼추 해결되었다. 하루는 점심과 한라봉 한 개를 놔두고 외출을 했다. 들어와 보니 한라봉이 그대로 있잖은가. 깔 수가 없었단다. 원숭이도 간단한 도구는 쓸 줄 아는데, 어쩌면? 남편도 기막힌지 한마디 한다.

"과도를 사용하면 되는데, 왜 그런 생각이 안 났을까?"

"평소에도 조금은 움직여야지. 내가 가면 자기도 따라 죽을 거라는 말만 했으니…."

자다가도 떡이 생긴다고 하잖나, 마누라 말을 들으면. 외고집은 번번이 가혹할 만치 고통을 수반했다.

그래도 곁에 있어줘 든든해, 하려다 말을 돌린다.

"당신의 손발이 돼주는 기회를 만들어줘 눈물 나도록 고마운데."

잠잠히 있던 남편이 "앞으로 내 손이 자유로워지면…" 끝내 말을 잇지 못한다.

이마를 더 세게 부딪쳤다면 어떻게 됐을까!

서둘러 상경할 때, 큰딸이 김포공항으로 나오겠단다. 짐도 많지 않아 나올 필요 없다며 단호하게 잘랐는데, 딸의 대답은 엉뚱했다.

"엄마, 아빠가 큰 짐이지. 아빠보다 더 큰 짐이 어디 있어?"

나도 모르게 여행용 가방과 깁스 한 남편을 번갈아 바라보고 있었다.

(2017. 3)

3부

아홉 번째 커브

기수의 방향이 이처럼 엉뚱할 줄은.
아마도 서울 시내를 누비고 다닐 때부터
그 방향은 조금씩 틀어졌나 보다.
Els는 지금도 그가 불러주는 내 예명이다.
그 이름값을 하고 있는지.
그리고 어제도 오늘도 마음하는
수필문학 어디쯤에 내가 서 있는지,
그저 아리송하다.

생이소리질

낮은음자리 소리가 들린다. 멀리서도 가까이서도. 귀를 쫑긋 세운다. 창틀이 서서히 윤곽을 드러낸다. 부스럭거리더니 둘째 사위가 슬며시 나갔나 보다. 나도 살금살금 숲속수련장을 빠져 나온다.

6월 초, 연휴를 맞아 우리 부부와 아들네, 딸네 식구들이 제주도 '절물자연휴양림'을 찾았다. 수련장에서 밤늦도록 끼리끼리 게임을 하고 이야기를 나누다 가로 세로 쓰러져 잠들었으니 늦잠을 잘 모양이다. 사내 녀석들은 좀 컸다고 따로 자고 있지만 여자애들은 어느 틈에 제 어미 날개 밑에서 자고 있다. 원앙 새끼들처럼.

지난밤 휴양림으로 들어올 때는 두리기둥만 실루엣으로 보였는데 나무데크 옆에는 우람한 나무들이 하늘에 닿아 있다. 벚나무, 구지뽕나무 등이 새벽안개 속에서 거대한 포물선을 그리며 기지개를 켜고 있다. 산딸나무 새하얀 꽃들이 초록 숲속에 점점이 수를 놓는가 하면 때죽나무 꽃들은 수북이 쌓여 발길에 차이고 있다.

숲속에서 꿩들이 푸드덕 날아오른다. 잠자리에서 들은 그 소리의 주인공인 듯싶다. 나뭇가지에 앉은 까마귀는 가까이 가도 까악~ 깍 깍 하면서 날아갈 생각을 않는다. 일찍 일어난 새가 먹이를 하나라도 더 먹는다고 한다. 내가 찾는 건 무엇일까. 길을 벗어난 숲이다. 작은 풀에서부터 아름드리나무에 이르기까지 온갖 다양한 숲의 어울림이다. 모두 다르면서 하나가 된, 나누고 베풀고 더불어 살아가는 푸르디푸른 자연의 드라마다.

'오름전망대'와 '장생의 숲길'을 비켜 약수터로 접어들었다. '절물'이 보인다. 지명의 유래가 된 '절물'은 절 옆에 물이 있었다고 해서 붙여진 것인데, 지금은 작은 암자만 남아 있을 뿐이다. 제주시 음용수 1호로 지정된 용천수를 마시고 몇 발짝 옮기니 예스러운 모습의 '생이소리질'이라는 표지판이 나타난다. 그 이름이 낯설다. 정감이 간다. 표준말론 '새소리길'이란다. 새소리 들으며 나를 잊으라는 것인가. 향기에 취하고 새소리에 취해 나도 저절로 자연의 일부가 된다. 계단이 없는, 나무데크로 이어진 산책로는 마냥 편안하고 여유롭다. 활엽수가 짙푸른 숲 터널을 이룬다. 금방이라도 노루들이 유유히 길을 가로지를 듯하고 거미줄이 얼굴에 스친다. 둘째사위는 어느 길로 들어섰는지 보이지 않는다. '너나들이길'로 가면 전망대에 오를 수 있으나 시간이 제법 흐른 것 같아 그만 숙소로 발길을 돌린다.

아침 후 손주들과 숲해설가를 따라다녔다. 삼나무와 곰솔나무 숲을 지나 '생이소리질'로 향한다. 새벽에 산책한 바로 그 길이다. 뒤따라오던 둘째사위가 내게 노란 붓꽃을, 외손자가 보라색 엉겅퀴와 천남성을 물어본다. 아이들은 숲 해설보다 자벌레, 무당벌레, 하늘소 등을 잡아 손바닥에 올려놓는다. 해설가가 목에 걸어준 확대경으로 곤충들을 들여다보며 재잘거린다. 서로 바꿔 보면서 벌레의 특징을 찾아내기도 한다. 나는 새벽길에 알고 싶었던 나무 이름 하나를 알게 되었다. 다래순과 같다고 머리를 갸웃거렸는데. 한 나뭇가지에 녹색 잎과 하얀 잎이 어우러져 마치 꽃이 핀 듯하다. '개다래'란다. 또 다른 고민이 꿈틀댄다. 왜 '개'자가 붙으면 더 아름다울까. 참꽃인 진달래보다 개꽃이라고 하는 철쭉이 더 우아하고 산수국도 헛꽃 때문에 기품이 있고 청초하게 보이지 않는가. 자연의 섭리란 알면 알수록 모르는 것투성이다.

직박구리의 요란한 소리가 들리는가 싶더니, 맑고 청아한 새소리에 귀가 번쩍 뜨인다. 지난밤 우리 가족들만큼이나 새소리도 각양각색이다. 호오오오오~히호잇 치요~ 몸집에 비해 큰소리로 휘파람소리를 내는 휘파람새다.

옛날 한 산골마을에 도공(陶工) 총각이 있었는데, 혼례식을 사흘 앞두고 약혼녀가 세상을 떠났다. 도공이 그녀의 무덤을 지키며 못 잊어하는데 그 옆에서 매화 한 그루가 자라고 있었다. 도공은 그녀의 넋이라 여기며 뜰에 옮겨 심고 애지중지 정성을 다했다. 만드는 그릇마다 찌

그려져 팔리지 않아도 나무는 거목이 되고 도공도 백발노인이 되었다.

어느 날 마을 사람들이 굳게 잠긴 노인의 집 대문을 밀치니 도공은 간데없고 그릇을 빚던 자리에 예쁜 질그릇 하나가 놓여 있었다. 그 뚜껑을 열자 새 한 마리가 휘파람소리를 내며 날아가 매화나무 가지에 앉아 슬피 울더라는 것이다. 휘파람새가 유난히 매화꽃을 따라다니는 것은 바로 이런 사연 때문이란다.

휘파람새의 슬픈 전설을 생각하며 '생이소리질'을 벗어나도 여전히 편안한 나무데크는 이어지고 또 이어진다. 한때는 이 데크도 휴양림의 아름드리 교목들처럼 꽃 피고 열매 맺어 날짐승들의 안식처와 먹이를 제공해주지 않았겠나.

먼 훗날 데크 같은 사람으로 기억되려면 얼마나 거듭나야 할까.

'생이소리질'에서 들려오는 휘파람새의 소리가 애달프다. (2014. 6)

아홉 번째 커브

무술년, 황금 개띠 해 설날이다. 오늘은 '2018 평창동계올림픽' 스켈레톤의 금메달리스트 윤성빈의 날이다. 혜성처럼 나타난 윤성빈은 아시아 선수 최초로 썰매 종목 올림픽에서 금메달을 목에 건 스켈레톤 황제가 되었다. 그가 금메달을 확정지은 뒤 팬들에게 큰절로 보답한 감사 세레모니는 마침 설날이라 더 뜻이 깊었다.

윤성빈은 썰매는커녕 얼음 구경도 하기 힘든 경남 남해 출신이다. 학창시절 남다른 운동 신경에 순발력이 일품이었다. 서울 신림고등학교 체육교사가 추천한 윤성빈은 스켈레톤 국가대표 출신인 한국체육대 강광배 교수가 발굴했다. 강 교수는 썰매 탄 지 석 달밖에 안 된 고등학생이 대표 선수들보다 더 낫다며 혀를 내둘렀다고 한다. 지난날 그 또래쯤의 아들이 생각났다.

스케줄대로 움직이며 오직 공부, 공부밖에 모르던 아들이 대학 입학 후 변신을 거듭했다. 담배를 배우고 술을 마시고 여자 친구를 사귀고. 괘종시계의 추처럼 정확하고 빈틈없던 아이, 더 바랄 게 없었던 아들이었는데, 밤늦게 들어오는 일이 다반사였다. 나는 안절부절못한 채 전화기만 흘끔거리다 잠들곤 했다. 그래도 남편은 아들이 들어오기 전에는 결코 잠자리에 들지 않았다. 사춘기가 늦게 온 것이라고, 한번은 겪어야 할 성장통이라고. 하지만 내 생활은 살얼음판을 걷듯 긴장의 연속이었다. 본과로 진학하면서 여자 친구는 시간 낭비라며 시나브로 헤어지더니 차츰 제자리를 찾아갔다.

고교 3학년이던 윤성빈은 미국 전지훈련에서 난생처음 스켈레톤 썰매에 엎드린 채 미끄러져 내려오게 되었다. 온몸으로 경험한 '공포의 질주'에 그만 엄마에게 전화를 걸었다. 그동안 힘든 내색 한번 안 하던 아들 목소리에 엄마는 몹시 당황했지만 침착하게 다독였다.

"한 번만 더 생각해보고, 네가 하고 싶은 대로 해라. 엄마는 네 결정을 존중한다."

마침내 동계올림픽이 다가왔다. 그 엄마는 1994년생 개띠인 성빈이가 금메달을 따겠다는 뜻으로 반드시 평창에서 '황금개'가 되고 말겠다고 했을 때 처음엔 어리둥절했으나, 그날부터 아들을 위해 금색만 생각하며 쳐다보고 다녔다고 한다. 또 아들에게 누누이 타일렀다.

"위험하지 않은 종목은 없다. 그리고 위험하지 않은 삶도 없다."

장하고 담대한 어머니다. 지난날 내 모습이 스쳐갔다.

전문의(專門醫)가 된 아들은 어느 날, 탈 서울을 선언했다. 억장이 무너졌다. 온갖 푸념을 봇물처럼 쏟아냈다. 하필이면 왜 비행기를 타야만 하는 곳이냐고. 그곳에는 티끌만 한 인연도 찾아볼 수 없는데. 혈혈단신으로 그곳에서 뿌리를 내리겠다고. 아들이 의대 졸업만 하면 지금처럼 살지는 않겠다고 참고 참으며 살아왔는데 말이다.

늦은 저녁, 떨이시장을 기웃거리며 한물간 생선, 시든 야채, 못난 과일 사지 않아도 되고. 백화점 앞에 긴 줄 서서 개점 시간 기다리며 싼 배추 사지 않아도, 내복과 양말 꿰매 입지 않고, 딸들은 친구들 딸의 헌옷 물려받지 않아도 된다고. 아이들이 좋아하는 짜장면 사 줄 수도, 커피숍에서 친구와 마음 놓고 담소를 나눌 수도 있을 거라며 긴긴 하루하루를 보내지 않았던가. 그것도 굴지의 재벌 병원에서 오라는데 굳이 제주도 국립병원으로 가겠다는 의도가 무얼까. 공기 좋고 교통사고이 덜하다고. 그런 조건이 30여 년 살아온 서울 생활의 문화나 관습을 커버할 수 있다는 것인지. 하지만 그 일상의 편린들이 내 치졸한 욕망이라는 것을 깨닫는 데는 그리 오래 걸리지 않았다.

TV 스켈레톤 중계방송을 시청 중이었다. 윤성빈이 커브를 돌 때마다 주먹을 꽉 쥔 채 몸을 잔뜩 공처럼 오므리고 제대로 숨도 쉴 수가 없었다. 아슬아슬 전율이 느껴지는가 하면, 조마조마 마음을 졸이고, 쭈뼛쭈뼛 머리끝이 하늘로 치솟는 듯했다. 부디 평소대로만 했으면, 돌발사고는 제발 일어나지 말아야지 하다가, 실수 없이 무사히 결승점에 도착하기만 해라. 메달이 뭐 길래 올림픽에 참가한 것만도 영광, 영광인데.

알펜시아 슬라이딩센터의 경우, 총 커브 구간이 16개인데 그중 9번 커브가 악마의 별명이 붙은 블랙홀, '무덤'으로 불리고 있다지. 저절로 기도가 나왔다. 내 마음이 이렇거늘 출전한 선수의 부모 마음은 오죽하겠나. 생사의 기로가 경각에 달린 운동경기다. 묵묵히 뒷바라지한 부모, 스승과 제자가 삼위일체 되어 건져 올린 열정의 열매다. 한국 동계스포츠사에서도 일대 획을 그은 사건이다. 하지만 나라면 흔쾌히 찬성했을까. 생각이 꼬리를 물었다.

아들의 전문의 자격증. 그때 나에겐 오늘 윤성빈의 금메달만큼이나 값진 보배였다. 세상을 다 얻은 듯 가슴은 남산만큼 부풀어 있었다. 이웃들은 가난한 살림에 의대 뒷바라지를 어떻게 하려고 하느냐, 보따리 장사라도, 아니면 집을 변두리로 옮겨 하숙을 쳐보면 어떻겠느냐 등등, 이런저런 조언이 많았었다.

9번 커브. 겪지 않고 지낸다면 참으로 다행이련만 때때로 우리의 생활에서도 겪을 수밖에 없다. 더하고 덜하고의 차이는 있지만 살다보면 수없이 9번 커브, 아니 9부 능선과 맞닥뜨리는 것이 삶이다. 오래전 잠시나마 방향 감각을 잃었던 자존감이 나 자신에게도 부끄럽다.

스켈레톤 선수들의 9번 블랙홀을 멋지게 통과한 윤성빈 선수! 그 위로 전문의 과정을 마친 후 의사 가운을 입은 아들의 모습이 겹쳐진다. 어느덧 사반세기, 그 아들이 제주에서 의사로 교수로 뿌리를 내리고 있다. (2018. 3)

당신의 사랑 티S는

실험실에서 나는 외톨이였다. 2인 1조가 분석실험을 할 때 7명의 여학생 가운데 나만 남학생과 짝이었다. 긴장이 되고 소외감을 느꼈다. 더구나 그는 학년 과대표였다. 늦게 들어오는 교수를 찾으러 다니고, 미비한 실험기구를 창고에서 가져오고, 조교는 있었으나 교수의 잔심부름 등 혼자 바빴다. 차분하게 실험을 같이할 시간이 부족했다. 당연히 리포트는 내 데이터를 활용할 수밖에 없었다.

풋밤송이 같은 머리에 촌티가 주렁주렁한 남자. 지방에서 처음 상경한 남학생들이 대부분 그랬지만 유난히 덜 자란, 텁수룩한 머리가 눈에 띄었다. 그 남자가 우리 과 톱으로 들어왔다고. 얼마쯤 지나니 이번엔 국비장학생이라고 야단법석이다. 눈이 좀 반짝였을 뿐 보통 키에 남다른 데 하나 없는 그가 실험실 짝이었다.

그 남자, 다시 생각했다. 장학생 선발 국가시험에 합격했다는 사실이 믿어지지 않았지만 차츰 호기심이 갔고 가슴이 뛰었다. 남자는 고등학교 3학년 때 도서반 반장으로 활동했다고 한다. 고1 때부터 친구들이 운동장에서 뛰어놀 때 도서관에서 책을 읽었다며, 뜬금없이 책을 빌려주겠단다. 『데미안』 『좁은 문』 『죄와 벌』 등을 가져올 테니 읽고 독후감을 써보란다. 가정교사 하면서 성적도 바닥인데 소설책을 읽고 게다가 독후감까지. 애초부터 수학공식은 외울지언정 역사나 문학엔 소질도 관심도 없었다. 어떻게 쓰는 것이냐고. 그냥 감상문처럼 쓰면 되고 다른 사람이 쓴 것을 보여줄 수도 있단다. 그래도 못 들은 척, 더 이상 진전이 없었는데 어느 날 남자는 그예 앙드레 지드의 『좁은 문』을 들고 왔다.

순수한 두 영혼의 사랑 이야기다. 청교도 사회에서 금욕주의적 계율을 주입받고 자란 알리사와 제롬은, 어느 날 목사의 "좁은 문으로 들어가기를 힘쓰라"는 설교를 듣는다. 제롬은 알리사와의 사랑에서 신의 가르침을 실천하고자 노력하지만 그녀는 세속적 행복을 포기한 채 사랑의 완성은 하나님의 품안에서만 가능하다고 믿는다. 결국 알리사는 사랑을 이루지도 신의 응답을 받지도 못하고 생을 마감한다.

남자는 나를 Elisabeth로, 짧은 애칭으론 '엘스(Els)'라 부르고 싶단다. 『좁은 문』의 여주인공 알리사(Alissa)의 지고지순한 사랑이 가슴속에서 떠나지 않는다며, 알리사라 하고 싶지만 이름의 영자표기에서 한

자씩 따오는 게 상징성이 있을 것 같아 수없이 조합해 보았단다. '음씨'는 Eum으로, 春野는 Spring Field라 할 수 있으니 E,L,S를 묶어 Els라고 하면 어떠냐는 것이다.

토요일이면 둘이서 학교가 위치한 청량리에서 종로나 시청 앞까지 걷곤 했다. YMCA에서 철학 강의를 듣고 시청 앞 공보관에서 전시하는 전람회를 좇아다녔다. 지상 전차도 있었지만 으레 걸어 다녔다. 그는 기억조차 아물아물한, 교과서에 실렸던 시조나 「관동별곡」, 「기미독립선언문」 등을 적절히 구사하고 인용하며 사물에 대한 자기 생각을 조곤조곤 털어놓았다.

그의 이야기에 걷잡을 수 없이 빠져들었다. 나는 중학교 때 상경했지만, 남자보다 더한 시골뜨기로 서울 문화에 적응하지 못한 채 겨우 학교 공부만 꾸려갔었는데 그는 달랐다. '정지는 운동의 극치라고 하는데 그럼 운동과 정지는 같다는 말인가. 책은 하나의 우주라고 일컫는데 얼마나 많은 책을 읽어야 그 우주에 한 발이라도 들여놓을 수 있을까. 사람은 주로 낮에 일하는데 역사는 왜 밤에 이뤄진다고 하는지. 빌딩 곁을 지날 때면 그 건물이 자기를 덮칠 것 같고, 걸어가다가도 땅이 푹 꺼져 그 캄캄한 블랙홀로 빨려들면 새로운 세상이 펼쳐질 것 같다는 등등.' 판타지 소설 같은, 만화에서나 있을 법한 이야기를 쏟아냈다. 그리고 자기는 내 생일이 들어 있는 5월을 일 년 중 가장 사랑하며 '호심(湖心)의 달'이라 한다고. 또 '사랑한다'는 말은 '마음한다'는 말로 대신하고 싶단다. 오죽하면 여학생들 사이에서 '개똥철학자'라고 했을까.

그의 Els가 되어갔다. 해인사로 졸업여행을 갔을 때였다. 밤이 깊어갈수록 분위기는 상승기류를 탔다. 먹고 마시고 흥청거렸다. 남학생들의 목소리는 장터를 방불케 했고 여학생들도 지나온 이야기로 꽃을 피웠다. 자정 무렵 그가 슬그머니 밖으로 나갔다. 눈치껏 나도 살며시 일어났다. 그가 내 앞에, 내가 그 앞에 있으니 무서울 게 없었다. 대웅전을 비켜 저만치 큰 나무 밑으로 걸어갔다. 알리사처럼 갈등하지 않았다. 자석이 끌어당기듯, 봇물이 터지듯 불꽃이 튀었다. 둘은 하나의 석상이 되었다. 새로운 역사를 썼다. 설렘, 기쁨, 떨림이 벅차올랐으나 찰나적 순간이었다. 지도교수의 부릅뜬 두 눈이 어른거렸다. 껴안았던 팔이 스르르 풀리고 말았다.

세월은 우리를 연리목(連理木)처럼 살라고 했다. 한 지붕 밑에서 남자는 교직을 종교처럼 믿었고, 여자는 4남매 중 셋째가 선천성심장질환을 갖고 태어나 애면글면 길렀다. 누비고 다니던 종로 거리 한번 걸어보지 못한 채 20여 년이 흘렀다. 막내가 대학생이 될 무렵, 그가 들려주던 이야기들이 바람을 일으켰다. 개똥철학이라고 놀림 받던 남자의 문학적 감성이 비로소 오랜 잠에서 깨어났다. 가슴속에서 뜨겁게 뜨겁게.

기수의 방향이 이처럼 엉뚱할 줄은. 아마도 서울 시내를 누비고 다닐 때부터 그 방향은 조금씩 틀어졌나 보다. Els는 지금도 그가 불러주는 내 예명이다. 그 이름값을 하고 있는지. 그리고 어제도 오늘도 마음하는 수필문학 어디쯤에 내가 서 있는지, 그저 아리송하다. (2017. 5)

벽화가 살아 있다

잊혀진, 잊혀져가는 정경이 탱글탱글 굴러다닌다.

눈이 화등잔만 해진다.

비슬산 기슭의 벽화마을은 천혜의 자연을 간직한 자연부락이다. 주민들이 옹기종기 모여 사는 오지마을 입구엔 검은 말, 흰 말의 대형 조형물이 설치돼 있고, 주차장을 벗어나면 농촌 체험마을의 조붓한 골목길로 접어든다.

제17회 수필의 날 대구행사 둘째 날, 우리 일행이 찾은 달성군 화원읍 본리2리에 위치한 마비정벽화마을이다. 노후된 건물의 벽과 담장에 갖가지 벽화를 그려 마을 전체가 새롭게 벽화마을로 탄생한 것이다. 토속적 풍경과 향토적 서정이 가득한 벽화엔 정겨운 이야기가 고스란히 담겨 있다. 마비정마을만의 특성과 분위기가 골목 구석구석에서 배어 나온다.

초가지붕 위 탐스런 박과 넝쿨, 추녀 밑의 주렁주렁 매달린 메주, 담 너머 누가 오는지 까치발 들고 살포시 내려다보는 오누이, 댓돌 위 까만 고무신에 쉬를 해서 고무신짝으로 매 맞는 얼룩이와 점박이, 원두막 저만치서 머리통만 한 수박 따고, 꽃밭에서 꽃 꺾어 머리에 꽂고 뛰노는 소녀들, 누렁이 소가 곧 튀어나올 것 같은 외양간 풍경, 머리에 수건을 질끈 동여매고 써레질하는 농부, 뿔을 맞댄 황소 두 놈이 기(氣)를 겨루는 모습, 외양간의 두 소가 통나무에 몸을 비비고, 작대기 걸친 지게 그림에 허름한 골동품 지게까지 갖다 놓고도 무엇이 아쉬운지 포토존 의자까지 준비되어 있다. 개구쟁이 복돌이 서투른 물지게 지고 비틀비틀 찔끔찔끔 찡긋거리고, 무쇠난로 위의 양은도시락 탑처럼 높아 무너질 듯 위태롭다. 해학적이고 익살스런 벽화들이 발길 닿는 데마다 눈길을 붙잡는다. 유년시절 농촌마을의 생활상이 그대로 재현돼 어릴 적 추억을 야금야금 불러일으킨다.

생시 아버지의 모습 그대로였다. 무명 잠방이 걷어 올린 아버지, 황토벽에서 걸어 나올 듯싶었다. 수건 동여매고 써레질하는 농부가 눈에 띄는 순간, 나는 발걸음을 옮길 수가 없었다. 아버지가 일하던 손을 멈추고 나를 덥석 안아줄 것 같았다. 본격적인 농사철이 시작되는 곡우절, 딱 이맘때쯤이다. 아버지는 못자리를 하기 위해 볍씨를 담그고 논에 물을 방방하게 채운 다음 소를 앞세워 써레질을 시작하고 때론 곱써레질까지 했다.

소는 아버지에게 식구 그 이상이었다. 아침저녁으로 손수 큰 가마솥에 쇠죽을 쑤셨고 외양간 청소는 물론 소의 일거수일투족을 보살폈다. 악착같이 달라붙는 쇠파리에 파리약을 뿌려주고 쇠똥 붙은 엉덩이는 말끔하게 닦아주고 두툼한 손바닥으로 쓸어주며 겨울에는 덕석을 입혀주고, 평생 소와 함께했다. 때론 소에 받혀 갈비뼈가 부러지고 옆구리를 다쳐 한동안 꼼짝 못 한 적도 있었다. 늘 황소만 길렀다. 덩치가 중간 정도 되는 소를 사다가 튼실한 황소로 길러 3년이 되면 팔았다. 우시장이 멀어 새벽에 출발한 아버지는 해질 무렵에야 터덜터덜 돌아오셨다. 소도 아는지 끌고 나갈 때는 꽁무니를 빼고 외양간 문지방을 넘지 않으려고 기를 썼다. 소가 그러한데 아버지 마음이 오죽했을까. 그 차액으로 우리 형제들은 공부를 했다. 아버지가 꿈속에서도 갈망하던 그 공부를.

마을 곳곳에선 시 한 편의 낭만도 즐길 수 있다. 사랑의 열쇠를 걸어 두는 곳도 있고, 마비정 널찍한 마루에 걸터앉아 담소를 나눌 수도 있다. 마을 끝자락엔 갓을 쓴 남근석이 우뚝 서 있으며 양편에 거북바위도 있어 방문하는 사람들의 다산과 장수를 염원하는 듯싶다.

전설이나 설화가 그렇듯 마비정의 유래 또한 슬프다. 한 장군이 마을 앞산에 올라 건너편 산의 바위를 향해 활을 쏘면서 말에게 화살보다 늦게 달리면 죽이겠다고 했다. 말은 죽을힘을 다해 달려갔으나 결국 화살을 따라잡지 못해 죽고 말았다. 마을 사람들이 그 말을 위해 정자를 짓고 추모하면서 마을 이름도 마비정(馬飛亭)이라 불렀다. 비명에 간 말이 머릿속에 맴돌면서 온갖 판타지로 이어진다. 또한 청도나

가창지역 주민들이 말을 타고 한양이나 화원시장을 다닐 때 물맛이 좋아 이곳 물을 마시며 원기를 회복하고, 말도 이 물을 마시고 빨리 달렸다 하여 마비정(馬飛井)으로도 부른단다.

마비정마을의 벽화는 이곳 주민들의 삶 그 자체다. 그림을 넘어서 오래된 흑백사진 같은 이야기들이다. 활짝 열린 앞마당, 분재처럼 키운 꽃사과나무 옆에 짙은 보라색 붓꽃이 눈부시다. 각시붓꽃 만발한 산골짜기를 누비며 나물 뜯던 소녀, 마비정의 저 꽃이 섧도록 아름답다. 해맑은 봄볕 껴안은 채 산나물 다듬고 있는 연로한 주인댁 퍽이나 낯익은 모습이다.

유년시절 내 고향이 거기 있었다. (2017. 4)

원고 뭉치

게릴라성 폭우다. 순식간에 평생교육원 앞마당은 빗물이 시냇물처럼 흐른다. 원고 뭉치를 가슴에 품고 안절부절못하고 있다.

"지하철까지 어떻게 가지?"

"택시비 내가 줄게요." L선배가 선뜻 택시를 권한다.

"지금 택시가 잡힐까요?"

동인들 여럿이 우왕좌왕하며 출판사에 갈 걱정을 하고 있었다. 결국 다음날 가기로 의견을 모았다. 교내 매점에서 장대비가 그치기를 기다리며 동인들과 함께 잠시 망중한을 즐겼다. 비는 좀처럼 그칠 줄 몰랐다

『운현수필』 23집의 3교를 본 원고였다. 흠뻑 젖은 신발로 지하철을 탔다. 내일은 인천 다른 출판사에 갈 일이 있고 모레

는 열 일 제치고 D사에 이 원고를 넘겨야 하는데. 백팩에 넣고 가야 하나. 지하철에 놓고 내린다면 이만저만한 낭패가 아니잖은가. 미처 보지 못한 원고도 좀 읽어보고. 이런저런 공상을 하다가 그만 내릴 지하철역을 통과해버렸다. 아차, 하는 순간 허겁지겁 다음 정류장에서 내리고 말았다.

뭔가 허전했다. 발밑에 놔둔 우산을 그만 놓고, 닫치는 문 사이로 겨우 빠져나왔다. 원고 뭉치만 가슴에 꼭 껴안은 채. 나도 모르게 후~ 깊은 숨을 내쉬며 가슴을 쓸어내렸다. 원고를 다시 들여다보았다. 그깟 우산쯤이야. 새 우산도 몇 개나 있는데 뭐.

지하철에서 된통 혼이 난 일이 있었다. 지난해 왕십리역에서 뛰어내리다 엎어져 손목과 발을 접질려 한동안 고생하지 않았나. 구두가 전동차 문틈에 껴 죽을힘을 다해 빼냈다. 실은 어떻게 뺐는지 기억나지 않는다. 눈 깜짝할 순간의 일이었으니까. 그보다 옆에 있던 사람이 더 놀라 병원에 가야 하지 않겠느냐고 했다. 그때 놀란 가슴은 쉽사리 진정되지 않았다. 그 후 지하철에서의 방심은 절대 금물이라고 스스로 다짐했으나 부체도 손수건도 하물며 원고 교정을 보다가 기념품으로 받은 작은 필통까지 두고 내린 적이 있었다.

아직도 비가 오나. 터덜터덜 승강장을 걸어 나오는데 오가는 사람들의 우산에서 빗물이 뚝뚝 떨어지지 않는 것을 보니 비는 소강상태인 듯하다. 그래도 원고가 젖으면 안 되지, 비닐우산을 사야겠다. 자초지종을 말하고 남편에게 우산을 들고 나오라면 얼마나 지청구를 늘어놓을까.

당신은 일개 회원에 불과할 뿐이다. 그 말부터 시작해서 가만히 있으면 보통인데, 왜 그렇게 '척하냐'고 잔소리를 해댈 것이다. 게다가 '지하철이 독서실'이라고? 그것도 좋지만 제대로 내리긴 해야지, 툭하면 지나친다며. 얼마나 더 큰코다쳐야 정신을 차리겠느냐고 철부지 취급하듯 누누이 말했잖은가.

평소에도 집을 한번 나가면 기다리는 사람은 안중에도 없이 천방지축이 돼, 혼이 나간 사람처럼 신이 나니 누가 말린들 듣겠느냐며 궁시렁거렸다. 그런가 하면 길가의 노란 꽃도 하늘의 흰 구름도 넘어가는 붉은 해도 처음 보는 사람처럼 가던 길을 멈추곤 할 때, 남편은 엉거주춤 서서 난색을 표했지. 나잇값도 못 하는 참으로 한심한 친구라고 말이다.

눈 딱 감고 3000원짜리 비닐우산 하나 사자고 다이소로 가다가 화장실이 더 급했다. 아무도 없었다. 텅 빈 화장실 문을 여니 커다란 골프우산이 벽에 턱 기대 있잖은가. 천천히 들고 나와 펴보았다. 색 바랜 허름한 우산이지만 쓸 만했다. 8개의 살 중 하나의 끝이 부러져 꿰맨 실밥이 터진 우산이었다. 버리고 간 우산이란 생각이 들었다. 비가 그치면 제법 쓸 만한 우산들이 뒹굴고 있지 않던가.

지상으로 나왔다. 퍼붓던 비는 오는 둥 마는 둥, 우산을 쓰지 않은 사람도 있지만 원고 뭉치를 안고 나는 큰 우산을 쓴 채 집으로 향했다. 아파트 모퉁이를 도는데 이번에는 반듯하게 접힌 비닐우산이 보도블록 위에 누워 있었다. 또 펴 보았다. 한쪽 모서리가 살짝 찢어졌지만 그것도 내겐 쓸 만했다. 하나를 잃고 둘을 얻은 셈이다.

부엌에서도 TV를 보면서도 나도 모르게 자꾸 웃음이 나왔다. 남편이 또 무슨 일이 있었기에 실없이 웃느냐고 한다. 도곡역에 내려서 갈아타야 하는데 정류장 하나 더 갔다 왔다고 했다.

"그게 웃을 일이야, 그것도 번번이."

"아니 횡재를 했다고."

남편은 눈살을 찌푸리며 소리를 질렀다.

"당장 그 우산 다 갖다 버려요."

"지금 버리면 쓰레기 무단투기로 과태료 무는데…."

낡았지만 아직 쓸 만한 우산 두 개가 신발장 안 우산꽂이에 나란히 꽂혀 있다.

늦은 밤 원고 뭉치를 펼쳤다. 첫사랑의 사연이, 지난날 꿈의 세상으로 나를 풍선 태우는가 하면, 이집트의 파라오 무덤인 피라미드는 나를 끝없는 미로로 안내하기도 한다. 수천 년 전 그 문명과 문화유산은 강대국 박물관에 유폐돼 있으니 힘없는 나라의 아픔인가. 찬란한 문명의 뒤안길에서 지붕도 제대로 씌우지 못한 가건물에서 고달픈 삶을 이어가는 후예들, 훗날 그 나라의 역사가 설명해줄 수 있을까. 한 달에 한 번 동인회 날, 지병으로 몸이 마음을 따라주지 않는 문우를 대할 때, 세월이 무상하다는 말로는 위로가 되지 않는다. 한편 구순(九旬)인 문우는 비록 동인회엔 참석하지 못해도 꼬박꼬박 작품과 회비를 보내주고 있다. 글에 대한 염원과 우리 문우에 대한 사랑이 하늘에 닿을 듯싶다. 인생의 후배로서 참으로 귀감이 아닐 수 없다. 글에는 저마다 애틋한 삶과 깊은 사상 그리고 생활철학이 녹아 있다.

원고를 백팩에 넣고 있으려니 한 사람, 한 사람 문우들 얼굴이 스쳐 간다. (2018. 9)

질경이

짓밟히고 짓밟혀도 다시 살아나는 풀, 질경이. 그만큼 질긴 목숨이라는 뜻에서 질경이라는 이름이 유래되었단다. 수레바퀴 앞에서 발견하였다고 '차전초(車前草)'라고도 부른다. 육촌 동생이 한 움큼 뜯어 온 질경이로 나물을 해서 먹었다.

그 동생이 가까이 살고 있다. 동생은 얼마 전 대한검정회가 실시한 '한자급수자격검정시험' 준3급에 합격했다. 배움에 목말라한 그녀였다. 남편이 돌아간 후 접었던 꿈을 펼치려했지만 유일한 혈육인 외동딸이 걸림돌이 되었다. 결혼한 딸과 두 외손녀를 기르며 5식구가 함께 살고 있다. 딸이 직장 여성이니 딸과 둘이서 살 때보다 일은 몇 배로 늘어났다. 복지관이나 문화원에서 실시하는 수많은 강좌도 동생에게는 그림의 떡이었다.

동생은 8남매의 둘째로 태어났지만 큰딸이라 초등학교 다닐 때부터 살림을 도맡다시피 했다. 사려 깊고 근면한 동생은 일복을 타고났는지, 오빠와 동생들 모두, 어려운 가운데서도 대학 공부까지 했는데 오직 그 동생만 초등학교를 졸업하고 말았다. 불같은 성격에 결벽증까지 심한 오촌당숙은 아내보다 큰딸을 더 신임하며 하나부터 열까지 딸만 불러댔다.

일속을 아는 동생은 10식구 허드렛일에 묻혀 살았다. 구덥 속에서 헤어나지 못하는 어머니가 안쓰러워, 순종하며 일찍이 철이 들어갔다. 그런 가운데 동창인 동네 총각과 눈이 맞아 몰래 만났다. 아버지한테 발각돼 골방에서 단식투쟁을 했지만 20대 초반 중매로 결혼했다. 몇 달 못 가서 이혼한 후, 가정부 생활이 시작됐다. 10여 년 동안 한 집에서 착실히 지내다가 안주인 중매로 재혼해 딸 하나를 길렀다.

고된 일은 끝나지 않았다. 시간제 일로 세월을 보내며 딸을 공부시켰다. 틈틈이 식당과 파출부 일을 했다. 그 와중에 친정어머니가 중풍으로 쓰러졌다. 단출한 동생이 친정으로 들어가 어머니를 모시고 살았다. 화장실 출입도 못하는 어머니와 아버지 제사까지 떠맡았다. 허름한 시골집이 윤기 흐르며 사람 사는 집이 되었다.

당숙모는 내가 준 광목과 삼베로 만든 큼지막한 옷만 편하다고 입었다. 결혼할 때 가지고 온 옷감을 동생에게 주었는데 그 감으로 동생이 만들었다. 이불 집을 하는 친구의 자투리 천은 손지갑, 덧버선, 가방 등으로 변신했다. 내게도 간단한 실내복을 꽤나 해주었다. 지금도 블라

우스, 반바지 등 잘 입고 있다.

당숙모네 넓은 앞마당은 동생 삶의 놀이터였다. 갈등 울분 고뇌를 채소밭으로 변한 마당에 쏟았다. 과일 껍질, 음식찌꺼기, 따로 받아 둔 소변으로 퇴비를 만들어 흙은 스펀지처럼 푹신했다. 버려진 황무지를 옥토로 만들었다. 배추 무 상추 감자 고구마까지 자급자족했다. 상상을 초월한 정성의 수확이었다. 머리통만 한 고구마를 캐는가 하면, 울타리로 올라간 한 포기 호박은 이웃과 나까지 먹을 수 있었다. 해마다 담 밑에서 자라는, 담을 훌쩍 넘은 큰 키의 벌개미취 꽃은 행인들의 호기심을 자아냈다. 나무가 된 벌개미취의 보랏빛 꽃 앞에서 나는 한동안 발길을 옮길 수가 없었다.

밭에는 토란, 보리, 차조까지 심고 허술한 대문은 항상 열려 있었다. 모서리 땅에 심은 치커리, 쑥갓, 장다리꽃도 얼마나 실하게 피었는지. 처음 마주한 보라색 치커리꽃은 우아하면서 청초하다. 어렸을 때 접하지 못한 꽃이다. 곁에 핀 오이나 호박꽃도 한창이다. 게다가 참나리, 마가렛, 끈끈이대나물꽃은 덤이었다. 사진사까지 드나들면서 이름을 물어보는 통에 당숙모를 씻기고 있을 때는 난감했단다. 깊은 겨울만 적막할 뿐 봄·여름·가을, 앞마당은 온통 꽃 잔치를 벌였다.

십수 년 돌본 당숙모가 돌아가시고 뒤따라 동생의 남편마저 갔다. 못한 공부는 그때도 여의치 않았다. 환경미화원으로 취직이 되었다. 오토바이를 타고 다니면서 서울 변두리 동네를 청소했다. 드문드문 떨어진 동네는 도저히 능률이 나지 않아 오토바이 자격증까지 땄다고. 그

성실함은 퇴직을 하고도 임시직원으로 두 해쯤 일을 더했다.

드디어 공부할 기회가 왔다고 잔뜩 기대에 부풀어 있는데, 그만 나이 찬 딸의 중매가 들어왔다. 두어 달 후 전화가 왔다. '언니, 나는 공부할 팔자가 못되나 봐.' 딸이 결혼을 하더라도 함께 살 것 같단다. 어머니를 모시고 살던 집도 비워줘야 했다. 채소와 화초를 심고 가꾸고 그 자라는 모습을 보며 무한한 치유를 받던 세월, 삶의 한 매듭을 남긴 채 끝나버렸다.

요즘 동생은 두 손녀를 유치원에, 초등학교에 보내며 온갖 뒷바라지를 다하고 있다. 가기 싫다는 손녀를 달래며 같이 울은 적도 있단다. 큰 아이는 제법 컸다고 말을 잘 듣지 않는다며 벌써 사춘기가 왔나 보다고 웃는다. '백년손님'이라는 사위까지 데리고 있으니 힘들겠다는 말 외에 어떤 말이 위로 될까. 게다가 틈틈이 복지관에서 점심 설거지 봉사까지 한다고 할 때는 제 말마따나 타고난 팔자인가 싶다.

동생은 신문을 읽고 가끔 일기도 쓴다. 기억력이 비상하고 합리적인 사고로 환경 변화에 대한 적응력이 남다르다. 우리 두 사람, 생각하는 바가 비슷하고 생활습관, 옷 입는 것까지 공통점이 많다. 만나면 서로의 대화는 끝 간 데 없다. 동생이지만 때론 살림의 달인으로 언니 같고 '수박 겉핥기'식이 아닌 뼛속에 사무친 체험으로, 군대로 말하면 선임하사관 같다고 할까. 행동으로 보여주는 실천가요, 골동품의 명품은 아니더라도 진품 동생이다.

영어와 역사 공부를 하고 싶다고 했지만 한사코 집안일에서 벗어나지 못했다. 한자(漢字)는 혼자 공부해도 할 만하다고 하더니 준3급 시험에 우수한 성적으로 합격한 것이다. 딸이 합격증을 벽에다 붙여 놓고 역삼동 이모한테 자랑하라고 하더란다. 너와 나, 우리의 만남은 혈연적인 애정을 넘어 필연적 관계가 아닐까 한다.

질경이, 민들레, 꽃다지, 냉이 등을 로제트식물(Rosette plant)이라고 한다. 원줄기는 없고 뿌리에서 수평으로 나온 잎의 모습이 활짝 핀 장미꽃과 비슷하다고 하여 로제트라는 이름이 붙었다. 보도블록 틈에서도 질경이는 꽃이 피고 새봄을 맞는다. 비록 동생이 목말라하는 공부, 아직 실천하지 못하고 있지만 지금도 주어진 환경에서 최선을 다하며 살고 있다.

질경이 닮은 로제트 금메달을 그 동생 목에 걸어주고 싶다.

(2018. 8)

홍 영감

옆 침상에선 오늘도 왁자지껄 시끄럽다. 그만 먹겠다고, 아니 한 술만 더 드시라고. 그럼 우리나 먹자는 등 화기애애한 모습이다. 커튼 너머에서 벌어지는 일이라 해도 은근히 신경이 쓰여 휴게실로 나가려는데 홍 영감의 며느리가 전복죽이라며 맛을 좀 보란다.

홍 영감은 남편과 같은 병실을 쓰는 입원 환자다. 우연히 나이도 병명도 같지만 들어난 성격은 대조적이다. 그는 수술하기 전에도 끙끙 신음소리를 내면서 이따금 외마디 소리를 질러댄다. 밤에는 더 심하다. 남편에게도 저 영감처럼 소리라도 좀 지르라고 하지만. 남편은 자기까지 그러면 이 병실이 얼마나 소란스럽겠느냐며 고개를 젓는다. 마냥 참지만 말고 차라리 홍 영감처럼 아프다고 소리치면 내 마음도 후련할 것 같은데 말이다.

홍 영감은 얼핏 곰보빵을 연상시킨다. 시커먼 눈썹에다 둥글넓적한 얼굴에 우둥퉁하게 생긴 인상이 그렇다. 겉은 울퉁불퉁하지만 아무것도 들어 있잖은, 부드러운 빵 말이다. 왠지 그를 대할 때면 나도 모르게 그 빵이 생각난다. 그의 간병은 주로 딸이 도맡다시피 했으며 그녀가 잠시만 자리를 비워도 큰소리로 이름을 부르며 찾는다. 딸에게 묻는 말은 한결같다.

"여기가 어디냐? 내가 왜 여기 있냐? 언제 집에 가냐? 너의 오빠는 왜 나를 집에 데려가지 않냐?"

등등 극히 원초적이며 상투적인 질문이다. 그때마다 그녀는 나긋나긋 미소 지으며 차근차근 설명해준다. 하루에도 몇 번씩 되풀이되는 질문이지만 여전하다.

"아버지, 한 번만 더 물으면 백하고도 한 번째야. 또 물으면 백두 번째…."

그러면서 그녀는 활짝 웃는다. 나는 그녀에게 현대판 '효녀 심청'이란 별명을 붙여줬다.

한번은 홍 영감의 부인이 다녀갔다. 새까만 얼굴에 키도 작고 허리도 꼬부라졌다. 풍채 좋고 피둥피둥 살이 찐 영감에 비하면 왜소한 체구였다. 딸의 말을 빌리면 엄마는 사시장철 농사일에 허리 펼 날이 없지만 아버지는 창(唱)도 잘하고 시골 한량이라는 말이 더 어울릴 거라고 했다.

그 부인이 하룻밤 영감 발밑에서 새우잠을 자고 집으로 돌아간 날이었다. 그날도 온종일 같은 말이 되풀이됐다.

"너의 엄마 고속버스는 탈 줄 알까? 터미널까진 뭘 타고 갔을까? 적적해서 어쩔까? 밭일은 나랑 같이 해야 하는데."

딸은 언제 아버지가 밭일 한 적 있냐고, 엄마 혼자 안팎일을 도맡아 했지. 듣다 못한 그녀는 제발 퇴원하면 엄마를 좀 도와주라는 말까지 덧붙인다. 입원 생활을 하다 보면 자신도 모르게 순해지고 착해지는가 보다. 나도 덩달아 웃음이 나왔다.

그날 이후부터 홍 영감의 시간은 오매불망 부인을 그리며 흘러갔다.

"너의 엄마 언제 또 온다냐? 왜 전화하지 않는다니? 무슨 할 일이 있다고, 할 말도 엄청 많은데…."

그녀는 녹음기도 그렇게 오랫동안 틀면 고장 날 텐데, 아빠는 지치지도 않는다고. 그래도 홍 영감의 질문은 여전히 계속되고 그녀의 대답 또한 녹음기처럼 돌아갔다. 인당수의 심청이가 살아온 듯 나도 그 분위기에 취해갔다. 부녀간의 애틋한 대화를 들으면서 답답하고 울적한 마음이 다소나마 치유될 수 있었다.

오래전 나는 친정아버지가 입원한 병실을 찾았다. 한참을 기다려도 아버지는 보이지 않았다. 옆 침대의 환자가 독거노인인 줄 알았는데 누구냐고 한다.

"큰딸인데요?"

"그 노인 따님도 있어요?"

4남매나 된다고 하려다 차마 입이 떨어지지 않았다. 어머니 돌아가신 후 아버지는 식사의 불균형으로 극심한 변비에 시달려 수시로 병원을 드나드셨다. 간단한 외출이나 화장실 출입이 가능해 나부터 무심했다.

입원하고 있었던 그 아버지와 지금의 홍 영감. 모처럼 병실을 찾았던 나와 홍 영감의 딸. 그때 내 나이와 그녀의 나이가 같은 건 그냥 우연만이 아닌 듯싶다. 딸에게 온종일 말을 걸고 때론 짜증도 서슴지 않는 홍 영감과 찾아오는 사람 하나 없어 독거노인인 줄 알았다는 아버지.

매일매일 남편의 음식 섭취량과 배설량을 기록하면서 활발하지 못한 신진대사가 만병의 근원이 된다는 것을 그때는 왜 몰랐을까. 알려고도 하지 않았다는 말이 더 옳을 것이다. 아버지는 변비의 고통보다 외로움이 더 뼛속까지 사무쳤을 것이다. 홍 영감의 딸이 다시 한 번 풍수지탄(風樹之嘆)의 한을 일깨워 주었다.

어느 날, 잠시 짬을 내 그녀와 병원 후원을 걸었다. 그녀는 5남매 중 셋째라며 대학교와 초등학교에 다니는 두 딸이 있단다. 형제 중 자기가 비교적 한가해 아버지 간병을 한다며 오빠는 서울에서, 언니와 동생들은 지방에서 산다고. 몇 년 전 뇌경색으로 아버지가 입원했을 땐 형부가 수발을 들었다고 한다. 병원비는 오빠가 부담할 것이며 올케는 시아버지 시중 대신 매일 음식을 준비해 온단다. 실제로 그 올케는 하루같이 커다란 가방을 양쪽 손에 들고 오며 그때는 다른 가족들도 함께 와서 한바탕 파티가 벌어질 정도였다.

그녀의 오빠도 점심시간이나 퇴근시간에 꼭꼭 들른다. 우리에게도 정중히 인사를 하니까 그가 온 것을 알 수밖에. 올봄 대학생이 된 손자도 두 번이나 병실에서 잠을 자고 갔다. 그 손자가 왔을 땐 홍 영감은 아픔마저 잊는지 농담까지 한다.

"대학에 들어갔으니 슬슬 연애도 해야지. 이왕이면 E대학 예쁜 여학생을 데리고 오너라."

대학 이름까지 지정해주는 바람에 병실은 금방 웃음바다가 된 적도 있었다. 효자, 효손(孝孫)이 따로 있는 게 아닌가 보다.

홀로 오도카니 남편의 병실을 지키면서 전신이 옥죄어오는 고통은 견디기 어려웠다. 내출혈 때문에 남편이 중환자실로 내려가던 밤, 나는 입원실에서 쫓겨나고 기어이 한밤중에 큰딸 내외가 달려오고 말았다. 공포의 밤은 참으로 길었다. 순간순간 누군가를 간절히 기다렸던 두 주간. 그 기다림 속에서 하루하루를 버텨냈다. 그런 가운데 소망과 지성이 하늘에 닿은 것일까.

남편은 홍 영감보다 하루 먼저 퇴원할 수 있었다. 그날따라 그의 얼굴이 유난히 훤하게 보였다. 곰보빵이 아닌 달덩이처럼. (2012. 9)

미술관, 내 안에 품다

새벽부터 매미의 합창이 우렁차다. 한낮이 되어도 지칠 줄 모른다. 8월의 태양은 정수리 위로 곤두박질치고 있다. 선풍기만 끼고 있는 이 생활, 권태롭고 숨이 막힐 지경이다. 어디론가 멀리 탈출하고 싶다.

과천 국립현대미술관을 찾았다. 뜻밖에 『올해의 작가상 2013』전이 열리고 있다. 공성훈, 신미경, 조해준, 함양아의 회화, 조각, 설치, 영상 등이 개인전 형식으로 전시 중이다. 소위 386세대들이다.

조해준 작가의 「사이의 풍경」전을 관람한다. 아버지와 아들이 공동작업을 한 스토리 드로잉 연작들이다. 격변의 한국근현대사 속에서 평범한 소시민으로 살아온 삶의 이야기를 덤덤하게, 때론 해학 넘치게 드러낸다. 아버지는 자신의 삶을 돌아보던 중 기억 속 공백으로 남아 있던 아들의 학창시절에 대한 궁금증을 느끼게 된다. 그런 가운데 부자(父子)가 함께 풀어가던 이야기는 차츰 드로잉, 설치, 영화, 만화책 등으로 확장된다. 아버지의 기억을 통한 의식, 무의식의 영역들이 세월의 간극을 넘어 새로운 소통으로 이어진다. 세대 간 끊어졌던 소통의 역사가 재조명되어 마침내 동시대 미술 작품으로 탄생하고 있다. 역사란 위인이나 정치가, 운동가가 만들어내는 것이 아니고 아버지 같은 소시민들의 삶이 모여 이뤄진다고 역설한다.

전시장 입구엔 50년 전 작가의 아버지가 국전에 출품했던 낙선작 '정읍여중이 보이는 풍경'이 걸려 있다. 그림 아래 반듯하게 적은 육필이 보인다. "막내아들 해준아, 이 그림은 1960년대 초 국전에 출품했다가 낙선한 작품이다. 층계 창고에서 찾아 먼지를 털고 여백을 만들어 이 글을 쓴다. 네가 있어 아버지는 노년에나마 빛을 보게 되어 기쁘다." 게다가 이제는 초가집이 없어서 이런 풍경도 그릴 수 없으므로 그때 그려 놓기를 잘 했는지도 모른다고 아버지는 술회하고 있다. 아버지의 드로잉이 퍽 익살스럽다. 동질감과 애틋함이 느껴진다. 가난이 묻어나는 옛 이야기를 작품으로 보고 읽는 동안 저절로 미소를 띠게 되고 그 여운이 잔잔한 감동으로 이어진다.

드로잉 작품이 대부분이지만 조각도 있다. 수십 년 전 아버지의 조각품을 비롯해 일상 용품 100여 점이 '기념수'라는 설치미술로 재탄생되고 있다. 아버지의 일상과 삶이 담긴 작품으로 그가 썼던 도깨비 탈이나 종교와 관련된 물건 등이 걸려 있다. 오래전에 사용하던, 지금은 잊혀가는 물건들이 묘한 정감을 불러일으킨다.

함양아 작가의 「넌센스 팩토리(Nonsense Factory)」는 현대인의 생활이 은유적으로 표현된 미디어 작품이다. 가상의 공장에서 일어나는 일들과 그곳에서 작업하는 사람들에 대한 픽션이다. '팩토리'는 창조성과 생산성을 추구하는 곳이지만 부조리한 현실이 드러나는 하나의 사회다. 그 속에서 부단히 삶을 이어가는 개인들은 꿈을 꾸고 행복을 추구하지만 결국 소외를 반복적으로 경험한다. 짤막한 시나리오는 6개의 방으로 구성되었는데 희곡 같은 색체를 띠며 사회를 풍자하고 있다. 현대사회의 이데올로기화 된 행복, 예술계의 문화적 속물주의, 성장제일주의의 무한경쟁 등을 실험적 설치로 보여준다.

'예술가들의 방' 한쪽 벽면에는 'I came for 행복'이 설치되어 있다. 여기서 '행'의 'ㅣ'가 탈락되면 항복이 된다. 개인의 정체성을 드러내는 것이면서 동시에 타인과의 관계와 현실에서 느끼는 불확실성, 환상과 욕망 그리고 좌절 등을 표현한 것이다. 현대인의 생활은 행복과 항복 사이에서 외줄을 타는 광대 노릇이 아닐까.

공성훈 작가의 「겨울 여행」이 을씨넌스런 겨울 풍경의 회화를 선보인다. 하지만 아이러니하게도 유화의 푸른 색감이 가마솥더위를 한방에 날려줄 듯 시원하다. 커다란 화폭이 단번에 시선을 사로잡는다. 가까이 다가간다. 왠지 모를 공포가 묻어난다. 자연의 외경이나 아름다움보다는 인간에게 착취된, 마치 무대장치처럼 인공적으로 처리된 풍경이 펼쳐지고, 기괴한 구름과 폭풍은 가공할 파괴력이 존재함을 시사하는 듯하다.

'담배 피우는 남자'는 무려 네 작품이나 된다. 주상절리 같은 웅장한 절벽 밑이나 폭포 옆에서 그리고 태종대 자살바위를 바라보며 쭈그리고 앉아 담배를 피우는 자그마한 인간들. 작가는 이러한 상황이 불가항력의 자연일 수도 있고 인간의 끝없는 욕망과 갑자기 들이닥치는 삶의 위기일 수도 있다고 한다. 더 나아가 사회 경제적인 현상과 전쟁 위협일지도 모른다는 것이다. 자연을 파괴하고 착취하는 것이 인간이라면 그 인간의 목숨까지 앗아가는 것 또한 자연인 것을.

마지막으로 신미경 작가의 '트랜스레이션-서사적 기록'이다. 작가는 조각의 영역에서 「번역(Translation)」을 화두로 작업을 해오고 있다. 번역은 청동이나 돌처럼 견고한 재료로 된 고전적 유물을 부드럽고 무른 '비누'로 재창조하는 작업이다. 그녀는 일상에서 비누만큼 자주 사라지는 것을 본 적이 없다고, 즉 존재하면서 동시에 부재(不在)한다는 이야기를 할 수 있기에 조각에 적합한 재료가 비누이며 시간의 궤적을 보여줄 수도 있다는 것이다.

번역은 현대사회 속에서 갈수록 가속화돼가는 삶의 경험과 문화 사이의 경계가 무너지는 시대 상황을 보여준다. 때때로 작가의 번역 작업은 원본에 충실한 데 그치는 게 아니라, 직역이 아닌 의역 즉 창조적 번역을 통해 원본과 번역물의 차이를 드러내기도 한다.

전시장엔 작가의 나신 조각상이 제일 먼저 눈에 띈다. 바로 앞에 작품 '거울'이 있지만 거기엔 관람자의 그림자만 비칠 뿐 어떤 상도 나타나지 않는다. 일체가 비누로 만든 것이다. 그런 것을 느낄 새도 없이 은은한 향기가 먼저 풍긴다. 시각적인 작품이 후각적인 비누향의 자극과 함께 공감각적으로 감상할 수 있게 한다.

금불상을 비롯하여 중국풍 도자기, 백자달항아리, 청자매병, 주병, 꽃병 등 다양한 영역에서 작가의 번역 작품을 감상할 수 있다. 투명한 빨간 유리병 등은 미술 영역이 소유하고 있는 고정관념 극복에 기여하고 있다. 수많은 작품을 대할 때마다 과연 이것이 비누로 제작된 것일까. 끝없는 의심이 되풀이될 뿐이다.

미술관 1층 화장실엔 여러 개의 고대 서양 조각상이 설치되어 있다. 아름다운 화장실 공모전에서 대상을 받은 곳이고 장소가 미술관이라 그런가, 생각했다. 그래도 조각품이 필요 이상 많은 것 같아 고개를 자꾸 갸우뚱거렸다. 두 번째 들렀을 때 비로소 작품명을 보고 비누라는 것을 알았지만 차마 손을 댈 수가 없었다. 작가는 관람객들이 조각상을 쓰다듬어 비누처럼 사용하면 자연스럽게 녹아내려 유물처럼 변화한다고 한다. "화장실에 놓인 동안 풍화되었다가 다시 전시장에 들어오면 유물이 되어 시간이 정지된다"는 것이다. 실제로 '쥴리앙 프로젝트'는 그런 작품들이다.

미술관 입구에도 신미경 작가의 '비누로 쓰다(2012~13)'의 말을 탄 공작상(公爵像)이 있다. 작가는 2012년 여름, 영국에도 1.5톤짜리 기마상을 설치한 예가 있다. 비와 바람에 노출된 조각상은 천천히 유물로 변할 것이다. 유물이 손상된다고 그 가치가 사라지는 것이 아닌 것처럼 풍화된다 할지라도 그만의 값어치는 존재한다. 작품에서 조각이 떨어져 나가는 것 역시 시간이 만들어내는 흔적이다. 유물이 된 비누 작품은 동서양의 문화 교류는 물론 시간성 및 역사성을 그대로 상징해주고 있으리라.

매미가 허물을 벗듯 하나의 작품은 거듭된 탈피의 결정체다. 작가들의 치열한 몸부림이 작품 위에서 춤을 춘다. 수필도 회화나 조각과 다르지 않다. 수필은 쓰는 게 아니라 짓는 것이라고 한다. 직선적인 글보다는 마티스나 피카소처럼 곡선적인 글이어야 하고 평면적이 아닌 기하학적으로 풀어가야 더 좋다. 거기다 미술관에서 만난 작가들처럼 기발한 창의력까지 발휘할 수 있다면 그 이상 바랄 게 무엇일까. 미술관에 걸릴 내 작품은 언제쯤일는지.

미술관을 벗어났지만 마음은 여전히 그곳에 머문다. 작품들이 눈에 어른거린다. 가방에 조그마한 '조각상 비누'를 챙겨 넣고 '겨울 여행'을 떠난다. '사이의 풍경' 길을 따라 '넌센스 팩토리' 속에서 생활의 달인을 꿈꾸면서.

정원에는 아직도 매미의 합창이 여울물처럼 줄기차다. (2013. 8)

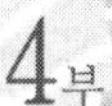

나도 한송이 꽃이다

갓 태어난 손자의 몸짓은
다 읽지 못해도 거기에 담긴 뜻은 오묘하고 무한하다.
세상의 이치를 그 작은 손과 발로 눈으로 귀로
아니면 울음으로 표현했잖은가.
선인장 꽃도 그렇다.
언어로 표현되지 않는 생명의 노래가 숨어 있다.
자세히 바라보는 사람에게만
스치는 속삭임이고 영혼의 만남이다.

바로 지금

톨스토이의 단편소설 『세 가지 질문』에 관한 내용이다. 남편이 보낸 메일이다. '이 세상에서 가장 중요한 때는 언제이고, 가장 중요한 사람은 누구이며, 가장 중요한 일은 무엇인가? 중요한 때는 바로 지금이며, 중요한 사람은 지금 나와 함께 있는 사람이고, 중요한 일은 지금 나와 함께 있는 이에게 선한 일을 행하는 것이다. 이것이 우리가 이 세상에 존재하는 이유이다.'

남편의 무언의 메시지인 듯 귓가에 아른거린다. 요즘 남편은 허리와 어깨 통증으로 병원에서 매일 물리치료를 받고 있다. 마음뿐 아니라 몸으로도 내게 주의를 요하는 것 같다. 관심을 기울여 달라는 간접 표현인가. 컴퓨터를 멀리하고 자기한테 시간을 더 할애하라는 의미인가.

'지금'이라는 의미, 더없이 중요하다. 지금만이 내 능력이 미칠 수 있고 지배할 수 있으며 다룰 수 있다. 어떤 상황에서 자신이 그 누구와 인간관계를 맺는다 해도 이 순간만은 함께 있는 사람 외에 다른 사람과는 아무 일도 할 수 없다. 그러나 함께 있는 시간이 길면 길수록 못 보고 안 봐도 될 것들로 부딪치게 마련이다. 부부라 하더라도 각자는 엄연히 독립된 개체다. 나만의 시간이 필요하고 나만의 생활이 존중돼야 한다. 낱낱이 노출된다는 건 프라이버시의 침해를 받을 수 있잖을까 싶다.

긴장감이 지속되고 중압감에 시달린다. 때론 음악도 온 집안이 쩌렁쩌렁 울릴 정도로 듣다가 멀리 있는 친구에게 들려주고, 책과 신문도 사방에 흩뜨려 놓은 채 맘껏 기지개 펴며 뒹굴고 싶다. 느긋하고 멍하니 앉아 점심 한 끼쯤 거르며 하던 일에 열중하면 어떨까. 털끝 하나 건드리지 않고 숨죽이고 있는데 공연히 혼자서 그런 생각한다고 말할 수 있을는지. 두 사람이 살아도 엄연히 공동생활인 것을. 바람이 그냥 너를 스치고 지나가게 하라는 말도 있지만.

봄날 어느 하루, 친정 동생들과 가족들이 한자리에 모여 결혼기념일 행사를 가졌다. 막내딸네 쌍둥이 손녀가 남편과 내 가슴에 꽃을 달아주는 것으로 조촐한 축하연의 막이 올랐다. 아들의 인사말 뒤 남편의 답사가 이어졌다. 긴장되고 기대감에 부풀어 있을 때다.

"Only one, 단 하나. 단 한 사람을 사랑했으며 앞으로도 오직 그 한 사람을 사랑할 것입니다. 바로 지금 내 곁의 이 사람을."

충격이다. 으레 그렇듯 참석해주고 자리를 마련해줘 고맙다는 말이 나올 줄 알았는데. 냉정하기 그지없는 사람이. 집착은 또 다른 멍에인 것을. 반백년이 무색하다. 나는 그를 모르고 그는 나를 모르는 것조차 모르고. 그런 외골수가 얼마나 피곤, 긴장, 인내, 구속, 배려를 요구하는데. 남편은 언제쯤 그 굴레에서 벗어나 꽉 쥔 고삐를 풀 수 있을지.

며느리는 내가 쓴 수필 「축제」 한 편을 낭독하고, '함께 살아온 50년'의 비디오 영상이 배경음악 가운데 10여 분 남짓 상영되었다. 두 사람의 결혼사진을 시작으로 4남매의 성장 과정과 그 아이들이 성가(成家)하여 태어난 손자, 손녀들의 모습이 고스란히 담겨 있다. 발가벗고 물장난을 치고 있는 모습, 허겁지겁 짜장면을 먹으며 얼굴에 온통 피카소 그림을 그리고 있는 모습, 눈사람 옆에서 V자를 그리며 멋진 폼을 자랑하는 개구쟁이 형제, 정초 때면 19식구가 모여 자리가 비좁은 듯 꼭꼭 끼어 찍은 가족사진 등, 한 가정의 가족사가 스크린에서 고스란히 펼쳐지고 있었다.

큰사위는 분홍, 파랑, 노랑의 안내장을 준비하고, 총출연은 둘째딸 내외가 맡았으며, 훤칠한 막내사위는 아나운서 못지않은 멋진 사회를 봤다. 나는 거추장스런 한복만 걸치고 있었다. 그저 감개가 무량할 뿐. 40여 년간 한 직장에서 자기 분수껏 본분을 지킨 남편이 있었기에 근근이 생활할 수 있었고 그 저력으로 오늘 이 자리가 마련된 것이 아닌가. 마음을 진정시키며 숨을 내쉰다.

'너 자신을 알라'고 한다. 지금 서 있는 자리는 어딘지, 할 수 있는 일은 무엇인지 고뇌하고 성찰해야 했으나, 새로운 길을 갈망하는 욕구에서 벗어나기 어려웠다. 정형을 탈피하고 싶었다. 자신의 역할을 종종 망각할 때가 있었다. 부딪치며 상처를 입혔다. 직장엔 때가 되면 정년퇴직이란 제도가 있는데, 주부와 아내의 도리엔 왜 마침표가 없는지 회의에 빠지곤 했다.

하지만 지금 가장 소중한 사람은 더 말할 것도 없이 내 옆에 있는 사람인 것을. 때론 스승이요 때론 친구이다. 이 세상에서 단 하나, 오직 한 사람뿐인 보호자다. 든든한 버팀목이며 소풍 끝나는 그날까지 삶의 동반자가 아닌가.

심장이 고동치고 피가 뜨겁던 학창시절, 토요일이면 시골집에 내려가곤 했다. 풋풋한 두 연인은 이따금 청량리에서 서울역을 지나 한강을 건너 노량진까지 걸었다. 지금은 온종일 함께 있다시피 한다. 여전히 황홀하고 가슴 설렌다면, 아마도 그것은 내가 나를 속이고 있는 것일 게다. 50여 년이란 세월이 말없이 가로줄을 긋고 있다.

금혼식에 멋진 이벤트를 가질 수 있었던 것도, 컴퓨터 앞에 좀 더 오래 머물기를 바라는 것도 '바로 지금' 내 곁에 남편이 존재하므로 있을 수 있는 일이다. 한 사람의 가치는 그 사람을 인정하고 관심 갖는 사람만이 그 가치를 부여할 수 있다. 남편의 무언의 메시지와 상충되는 내 의지를 뛰어넘으면서…. (2015. 8)

나도 한 송이 꽃이다

황홀하다. '글로리아 공작선인장'이 꽃을 피웠다. 노르스름한 꽃술을 담뿍 머금은 자홍색 꽃. 4월 중순 베란다의 해가 지나고 저만치 정원 한 자락에 긴 그림자가 드리울 때 선인장꽃이 피었다. 마치 꼬리깃털을 부채모양으로 활짝 편 공작처럼 화려하고 기품이 서린 꽃이다. 신의 경지에 오른 듯 신비감이 감돈다. 내 손으로 피운 꽃이라 그런가. 진저리칠 만큼 아름답다. 그 마음이 꽃으로 승화했다. 정성이 지극하면 돌 위에도 풀이 난다잖나.

꺾꽂이한 선인장이 자그마치 5년 만에 꽃을 피웠다. 3년쯤 되었을 때 기다리다 지쳐 뽑아버릴까 하다가 친구의 성의를 생각해 차마 그러지 못했다. 해마다 탐스럽게 꽃을 피우는 친구를 생각하며 나도 한번쯤 꼭 피우고 싶었다. 일조량과 바람이 부족한 듯해 화분을 창문 밖 실외기 위로 옮겨 놓기도 했다. 그리고 반드시 필 것이라 믿었다. 느릿느릿 참고 기다린 보람이었다.

설렘과 울림이 전제된 찰나다. 꽃 앞에 앉아 가만히 말을 주고받는다. 그들의 말은 마음으로 바라보아야 한다. 순간순간 건네는 이야기를 들으려면 오래 기다려야 한다. 영락없이 첫손자의 몸짓과 옹알이를 닮았다. 갓 태어난 손자의 몸짓은 다 읽지 못해도 거기에 담긴 뜻은 오묘하고 무한하다. 세상의 이치를 그 작은 손과 발로 눈으로 귀로 아니면 울음으로 표현했잖은가. 선인장 꽃도 그렇다. 언어로 표현되지 않는 생명의 노래가 숨어 있다. 자세히 바라보는 사람에게만 스치는 속삭임이고 영혼의 만남이다.

지난겨울 둔한 톱니처럼 생긴 줄기에 좁쌀 모양의 돌기가 처음으로 눈에 띄었다. 새로 나오는 줄기도 아니고 그렇다고 잎눈이 나올 리도 없고 아침저녁 들여다볼 수밖에 없었다. 자라는 속도가 너무 미미해 계속 나를 애타게 했다. 두 달쯤 지났을까. 아주 작은 복숭아 모양이 되었다. 박물관에서 본 복숭아 연적을 닮았다. 꽃눈이다. 긴긴 겨울이 가고 입춘이 돼서야 차츰 봉오리 모습이 드러났다. 두 화분에 20여 개쯤 달렸다. 아쉽게도 제법 큰 송이가 자꾸 떨어져 여남은 개만 남았다.

붓처럼 생긴 꽃봉오리는 금속광택이 감돌았다. 상서로운 기운이 집 안으로 전해지는 듯했다. 숨 막히는 수려한 모습, 눈이 부셨다. 우아하고 기이한 아름다움이다. 글로 형용해 표현할 도리가 없었다. 벌어진 입을 다물지 못하고 눈조차 깜빡이지 못했다. 선녀가 날개옷을 휘감고 사뿐히 내려앉는 모습이라고 할까. 저속 촬영이 아닌 맨눈으로 봐도 꿈틀거리는 듯했다. 드디어 5개월여 만에 좁쌀 크기의 꽃눈이 고려다완만큼 큰 꽃을 피웠다. 베란다가 밝아지고 온 집안이 환해졌다.

영원이란 인간이 추구하는 이상(理想)에 불과한 것인가. 꽃의 생명은 허무했다. 이틀도 채 가지 않았다. 고작 하루 하고 한나절이 지나면서 꽃잎이 힘을 잃고 오므라들었다. 참고 기다린 시간에 비해 안타깝기 그지없다. 시공간 속에 존재한다는 사실을 인식하게 되는 순간, 언젠가는 존재하지 않을 수도 있다는 불안감에서 벗어날 수 없다고 하잖나. 무의미한 무의 의식이런가. 꽃이 피고 지는 것도 자연만이 지배하는 순리인 것을.

딸들이 왔다. 사진에 담아 카카오톡에 올리면서 딸들에게 시간이 되면 흔히 볼 수 없는 꽃이니 실물을 보라고 했다.

"여린 줄기에 어쩜 이렇게 큰 꽃을 피웠지."

"엄마의 극성으로 핀 꽃이지 뭐."

"나도 길러 봤는데, 꽃은커녕 줄기조차 제멋대로 자라 그만 포기했는데."

세 딸이 제각각 한마디씩 한다. 옆에서 지켜보던 남편이 긴 설명을 덧붙인다.

"이 꽃이 왜 피었겠니? 너희 엄마가 아빠보다 선인장을 더 사랑하기 때문이었지. 꽃도 감동한 거야."

꽃을 아무리 사랑한다고 해도 '꽃보다 사람'이라는 말도 있는데 말이다.

하나하나 고개를 떨구는 꽃 앞에 내가 또 앉아 있다. 눈으로 보는 꽃은 서서히 사라지지만 아름다운 색감, 화사했던 모습, 긴 여운 그대로 마음에 각인돼 있는 것을. 숨소리마저 죽여 가며 완상했던 그 기품 어찌 잊으랴.

이국화의 시 「오르가슴」에서 '완벽한 사랑과 예술은 한순간에 불타는 하나다'라 했던가. 화려한 꽃과 지순한 내 정성도 불타는 하나였었다.

그 앞에서 나도 그만 한 송이 꽃이 되었다. (2016. 5)

홀수 달의 홀수 날

대학생인 손자가 주말에 들렀다. 가방에서 꺼낸 초콜릿 봉지를 들고 부엌으로 들어간다. 멋쩍은 표정을 지으면서 할아버지도 할머니도 드리겠단다. 뜬금없이 무엇을…? 머뭇머뭇하던 아이는 준비할 것이 더 있다며 연신 들락거린다. 막대과자, 포장지, 스티커 등을 싱크대 위에 즐비하게 늘어놓는다. 저절로 호기심이 동한다.

손자는 중탕으로 녹인 초콜릿을 막대과자 ⅔까지 골고루 입힌 다음 잘게 부순 땅콩을 붙이는가 하면 색색의 좁쌀 모양 과자에 굴리기도 한다. 종이컵 밑을 뻥뻥 뚫어 그 구멍에 초콜릿으로 장식한 과자를 세워 놓고 냉장고에서 굳힌다. 할머니는 연신 웃으며 충실한 심복이 된다. 셰프와 둘이 족히 서너 시간을 부엌에서 허둥댄다. 드디어 초콜릿으로 장식한 긴 막대과자 하나를 잡숴보란다.

빼빼로데이는 1990년대 중반 영남지역 여중생들이 11월 11일 빼빼로를 선물하며 시작되었다고 한다. '키 크고 날씬하고 예뻐지자'는 의미에서 해마다 1의 숫자가 네 번 겹치는 11월 11일에 우정의 선물로 빼빼로를 주고받은 것이다. 여학생들의 소망을 담은 그날이 우정을 넘어 사랑의 행사로 발전한 것은 제과 업체의 마케팅 전략이 주요했던 결과이기도 하단다. 예로부터 전해오는 전통 풍속에서 이상하게도 제외된 십일월에 낯선 데이가 자리매김하게 된 것이다.

우리 민족 세시명절에는 홀수 달의 그 숫자와 겹친 날을 기념하는 풍속이 있었다. 홀수는 양수(陽數), 짝수는 음수(陰數)라 하여 홀수를 선호했다. 더구나 양수가 겹치는 날은 양의 기운이 넘치는 길일(吉日)로 여겨 다양한 풍속이 전해졌으며, 이 날들은 특히 젊은 남녀를 위한 명절이었다. 정월설날, 삼월삼진, 오월단오, 칠월칠석, 구월중구. 게다가 최근에 유행하고 있는 빼빼로데이다. '빼빼로'는 외국어가 아니지만 그 날에 '데이'라는 말이 붙은 것은 젊은이들의 명절로 '발렌타인데이', '화이트데이' 등의 반열을 의식한 것이다. 다른 홀수 달 명절들이 음력인데 비해 빼빼로데이가 양력인 것도 서양문화의 영향이라고 할 수 있다.

정월초하루, 설날은 차례를 지내고 덕담을 나누며 주로 젊은이들이 친지들을 찾아 세배를 다녔다. 설빔으로 단장한 청춘남녀가 자신의 모습을 선보이는 '연례 신고식'이라고 할 수 있으며 장차 배필을 찾는 데 홍보 효과가 되었던 것이다. 떡국을 끓이고 떡국 한 그릇을 먹어야 한

살 더 먹는다고 했다. 설날은 젊음의 명절이요, 봄맞이 축제였다.

삼월삼짇날도 젊은이들을 위한 명절이었다. 삼짇날은 삼진일(三辰日)에서 유래되고 봄이 돌아온 날로 기념했다. 제비가 돌아오고 나비가 날아드는, 파란 새싹의 봄철은 청춘을 일컫는다. 진달래 화전을 부치고 여자들이 음식을 준비해 모처럼 산과 들로 나가는, 설날에 이어진 젊은이들의 청춘 피아르(PR)였다.

오월 오일 단오절은 또 어떤가. 청춘남녀의 대명사 『춘향전』의 이도령과 성춘향이 만난 날이 바로 단옷날이다. 춘향의 그네뛰기가 치맛바람의 극치라면 이몽룡의 부채는 '바람끼'의 부추김이라고 할 수 있다. 창포에 머리를 감고 수리취떡을 해먹는다. 삼짇날이 청춘과 자연의 만남이었다면, 단옷날은 여름 맞이 축제로 청춘남녀끼리 밀회를 즐겼던 것이다.

단옷날 만난 남녀는 칠월칠석에 견우직녀의 이름으로 가정을 이룬다. 하지만 그들은 사랑에 빠져 일을 게을리했으므로, 분노한 옥황상제가 견우는 은하수 동쪽에, 직녀는 은하수 서쪽으로 보낸다. 일 년에 한 번 오작교의 이별과 재회의 사랑이 바로 칠석날에 이뤄진다. 애호박을 넣은 밀전병을 부쳐 먹는다.

구월중구인 9월 9일은 중양(重陽)이라고도 한다. 견우직녀가 구월중구에 산신이 돼 등고(登高)하여 단풍놀이를 하는 명절이다. 삼짇날에 제비가 돌아온다고 믿었듯이 중양절엔 기러기가 찾아오는 날이라 여겼다. 철새들의 도래는 실제로 청춘남녀의 짝이 찾아온다는 의미도 있으며 오늘날 봄가을에 결혼식이 많은 것도 이런 연유라 할 수 있다. 중양절에는 국화전을 만들고 국화주를 빚기도 했다. 이처럼 홀수 달의 세시명절은 청춘남녀 중에도 처녀들을 위한 명절의 의미가 더 자리 잡고 있었다. 빼빼로데이도 '빼빼로처럼 날씬한 몸매'에 대한 여중생들의 열망에서 비롯된 것이라고 하지 않는가.

정부에서는 1996년 이날을 '농업인의 날'로 정했다. 한 해 농사를 마무리하는 11월에 수확의 기쁨과 농업인의 노고를 위로·격려하는 기념일이다. 11은 한자로는 十一 이 되는데 세로쓰기하면 흙토(土)가 되기 때문에 농사를 짓는 흙을 상징하기도 한다. 또 그 모습은 마치 가래떡을 세워 놓은 것과도 같다. 그런 이유로 11월 11일은 '농업인의 날'이지만 '가래떡데이'라고도 한다.

'00데이'가 유행하면서 민족의 세시명절이 잊혀져가고 있다. 시대의 흐름을 역행할 수는 없지만 전통 풍속을 병행하면서 문화의 정체성을 이어갈 수 있다면 이보다 더 바랄 게 없을 것이다.

남자가 부엌에서 일을 한다. 지금은 흔히들 보통이라고 한다. 세시명절 때라야 그나마 문밖출입이 자유로웠던 여인들도 다름 아닌 우리 할머니, 선대들이다. 아니 그리 멀지 않은 내 어머니 시대도 그랬다. 남자의 부엌일은 문화의 혁신이라고 해야 하나, 성(性)의 평등이라고 해야 하나. 내가 처한 오늘은 과연 어디쯤일까.

손자가 하트 스티커를 붙인 셀로판 봉지의 빼빼로 과자를 여자 친구에게 준단다. 싸고 또 싼 정성이다. 점심때쯤 들른 총각이 어스름한 저녁때 집을 나선다. 멋진 빼빼로데이의 이벤트다. 내년엔 과자 대신 조청을 꾹 찍은 가래떡으로 하면 어떨는지.

그들의 사이가 친구든 연인이든, 우정이든 사랑이든 아무래도 괜찮다. 그 추억이 가래떡처럼 기다랗기를 바란다. (2013. 11)

막내고모

아버지는 18살인 막내고모를 서둘러 결혼시켰다. 제2차 세계대전 중 일본군의 위안부 동원이 한창일 때 고모는 도살장으로 끌려가는 소처럼 그렇게 시집을 갔다.

나보다 열 살 위인 막내고모는 친구도 별로 없고 주로 나를 데리고 다니며 함께 놀아줬다. 겨울이면 마을 어귀 꽁꽁 언 논에서 송판으로 손수 만든 썰매에 나를 태워 밀어주고 집으로 돌아올 땐 곧잘 업어주기도 했다. 자치기하는 나무막대기를 반들반들하게 다듬어주고, 쇠구슬로 심을 박은 팽이도 만들어 주었다. 갖가지 색칠한 팽이는 얼음 위에서 멈출 줄 모르고 뱅글뱅글 잘 돌았으나 나는 고모가 가르쳐준 대로 해도 잘 안 되었다. 그래도 고모는 내 손을 붙잡고 이렇게 저렇게 해보라며 쓰러진 팽이를 다시 세워주곤 했다. 또 밤이면 발걸음도 조용조용 나를 뒤꼍으로 데리고 갔다. 달밤이면 참새 잡기가 더 좋았다. 초가지붕에 미리 걸쳐 놓은 사다리에 고모가 살금살금 올라가 새의 보금자리로 손을 드밀면 영락없이 새가 찍찍거렸다. 대나무 꼬챙이에 꿰어 구워준 참새고기는 그야말로 그 맛이 일품이었다.

고모는 차분히 앉아서 하는 바느질이나 부엌일은 취미가 없었던 것 같다. 할머니는 고모 결혼을 앞두고 선머슴 같아 큰일이라며 태어나지 말았어야 되는 애물단지라고도 하셨다. 그럴 때마다 나는 막내고모가 제일 좋다며 할머니 무릎에서 할머니 입을 손으로 꼭 막고 눈물을 글썽거렸다.

여름이면 뒤꼍 터줏가리 옆이나 장독대 근처, 고모가 심은 봉숭아는 탐스럽게 꽃을 피웠다. 빨강, 분홍, 흰 꽃이 줄줄이 피었다. 잠자리에 들려고 할 때 고모는 미리 준비해 둔 봉숭아 꽃물을 약손가락과 새끼손가락에 들여 주었다. 아침에 일어나면 하나, 둘 빠져버린 적도 있지만 연이어 들이면 빨갛다 못해 꺼멓기까지 했다. 고모도 들이라고 하면 끝내 막무가내였다.

봉숭아는 봉선화(鳳仙花)라고도 한다. 백제의 한 여인이 선녀로부터 봉황 한 마리를 받아서 품에 안는 꿈을 꾼 뒤 어여쁜 딸을 낳고, 봉황과 선녀에서 한 자씩 따와 봉선(鳳仙)이라고 이름 지었단다. 그녀는 거문고를 잘 뜯어 마침내 임금님 앞에서 거문고를 타게 되었으나 궁에서 돌아온 후 병석에 눕는다. 그런 어느 날, 임금님 행차가 그 집 앞을 지난다는 말을 듣고 그녀는 온힘을 다해 거문고를 연주하지만 임금님이

당도할 즈음 손에서는 붉은 피가 뚝뚝 떨어지고 만다. 임금님은 백반을 싼 무명천으로 그 손가락을 싸매 주지만 봉선이는 죽고 그 무덤에서 빨간 꽃이 핀다. 그때부터 사람들은 그 꽃으로 손톱에 물들이며 봉선이의 넋이 변한 꽃이라 하여 '봉선화'라 불렀다는 것이다. 고모는 분꽃, 백일홍, 맨드라미보다 봉숭아를 더 좋아했다. 아마도 내 손가락에 꽃물을 들여 주면서 무료한 마음을 달랬는지도 모른다. 일찍이 봉선화의 애틋한 전설을 고모는 몸으로 느끼고 있었나 보다.

시집가던 전날, 고모는 식구들이 다 모인 저녁 밥상에서 보이지 않았다. 나는 뒤꼍으로 광으로 뛰어다니며 고모를 불렀다. 허름하고 깊숙한 광 속 배불뚝이 항아리 뒤에서 울고 있었다. 나도 같이 눈시울을 적시다 고모 손을 붙들고 나왔다. 할아버지는 돌아가신 뒤였고 아버지는 "일본군 위안부로 끌려가고 싶으냐?"며 고모를 나무랐다.

손톱에 봉숭아꽃물이 초승달처럼 남아 있던 어느 날, 고모는 퉁퉁 부은 얼굴에 연지 곤지 찍고, 가마 타고 시집을 가고 말았다. 떠들썩했던 잔칫집도 호수처럼 조용해지니 나는 자꾸 눈물이 났다. 고모가 숨었던 광에 들어가 웅크리고 앉아 하염없이 울었다. 온 집안에 어둠살이 내릴 무렵 엄마가 부리나케 집 안팎을 들락거리는 소리가 들렸다. 갈팡질팡 어쩔 줄을 모르며 내 이름을 숨차게 불러댔다. 눈물을 뚝뚝 떨어뜨리며 광에서 나왔다. 엄마 치맛자락에 얼굴을 묻고 흐느끼며 더 엉엉 울었다. 할머니도 고모가 가까운 곳으로 시집갔으니 보고 싶을 때 같이 가자며 달랬다.

머리 빗겨주고 먹을 거 챙겨주고 이따금 업어주기도 하던 고모가 내 곁을 떠나버렸다는 아쉬움도 컸지만, 식구들이 시집가기 싫다는 사람을 억지로 떠다민 것 같아 한없이 슬프고 허허로웠다. 고모는 아버지 앞에서 늘 기가 죽어 있었고 묻는 말도 제대로 대답하지 못했다. 고모의 눈물과 애걸은 한낱 바람에 날리는 검불이었다. 정신대로 끌려가는 것보다 결혼을 시키는 편이 백 번 낫겠다는 생각이었을 것이다. 저녁 때가 되면 고모가 사는 하늘 저편을 맥없이 바라보곤 했다.

고모의 결혼은 시대적 비극이 내몬 아픔이었다. 정신대는 나라를 빼앗긴 민족의 설움이요, 고모와 비슷한 그 시대 여성들이 겪어야 했던 우리 역사의 치욕이었다. 노동력 착취와 성적 노예가 된 나이 어린 미혼 여성들의 육체적 고통과 수치심을 어찌 감히 글로 표현할 수 있겠는가.

고모는 결혼하고 2년 뒤 딸을 낳았다. 피부가 하얗고 유난히 초롱초롱한 눈을 가진 아이였다. 하지만 산후의 후유증인지 몸이 붓고 시나브로 앓다가 딸이 한창 재롱을 피울 무렵 그만 짧은 생을 마쳤다. 할머니 곁에서 내가 누리는 현실이 한없이 미안했다. 사랑보다 더 슬픈 기억들이 하나하나 가슴을 저며 왔었다.

내가 십수 년 다닌 학교를 고모는 그 문턱도 가보지 못했다. 부모님 사랑은 또 어떤가. 내 결혼을 반대하던 아버지는 '신랑네가 뒷간 같은 집만 있어도 애비 맘이 이렇게 서운하지는 않겠다!' 하면서도 내 편이 돼주었다. 결국 종로 한 복판에서 성대한 결혼식을 치러 주셨다.

할아버지 딸로 태어난 고모와 아버지 딸로 태어난 나. 두 사람은 참으로 다른 길을 걸었다. 시대를 탓해야 하는지, 인간의 운명으로 받아들여야 하는지. 봉숭아꽃이 필 때면 봉선화의 전설처럼 그 꽃이 고모의 넋인 양 눈시울이 붉어진다. 그 후로 나는 손가락에 한 번도 꽃물을 들이지 않았다. (2014. 5)

오늘 그리고 어제의 봄을

여행지에서 맞은 아침 산책이다. 새소리 물소리를 따라 발맘발맘 산으로 향한다. 뺨에 스치는 바람의 촉감이 쌀랑한 듯 부드럽고, 여울물소리도 생명을 깨우듯 우렁차다. 높이 솟은 봉우리를 뒤로하고 깊은 골짜기로 내려간다.

봄의 전령사인 꽃들을 찾아본다. 큰 바위 밑을 살펴보고 낙엽 사이를 들춰 봐도 꽃들은 보이지 않는다. 노란 복수초나 솜털이 보송보송한 분홍 노루귀가 피어 있을 법도 한데. 욕심인가 보다. 야생화 군락지가 알려지는 것은 사진작가나 그 동호인에겐 심마니가 산삼을 발견한 듯 환성을 지를 만한 일이지만 한편 두렵기도 하다는 것이다. 각별한 보호 시설이 설치되지 않는 한 초토화되기가 십상이란다. 땔감 혁신으로 낙엽 층이 두터워져 산나물도 점점 사라지고 있는데 이래저래 귀한 야생화의 살아남기가 그리 만만할 리 없다.

누런 겉잎 속에서 푸른빛 도는 망초나 어린 쑥을 보는 것으로 마음을 달랜다. 얼음장처럼 찬 계곡물에 손을 담가보고 돌을 뒤집어 봐도 아직은 작은 수서곤충 하나 보이지 않는다. 좀 더 발길을 옮기니 넓적한 바위 위로 흰 물줄기가 힘차게 곡선을 그리며 흐른다. 선녀탕이란다. 제법 수량이 많은 깊숙한 늪은 사진이나 화폭에 담을 만한 경치다. 떠꺼머리총각이 목욕하는 처녀에게 희롱을 걸 수도 있었을 듯싶다. 때마침 딱따구리의 나무 쪼는 소리가 산을 울린다. 짝을 만나 알을 품을 것이다. 봄은 꿈과 잉태의 계절이다.

간밤에 추웠던 탓인지 살얼음이 언 곳도 있다. 차라리 집 근처에서 봄까치꽃이나 별꽃이라도 찾아볼 것을. 마음을 접고 천천히 옹달샘 쪽으로 발길을 돌린다. 비록 플라스틱이지만 표주박이 걸려 있던 샘물이었는데. 물은 나오지 않고 그 밑 돌확에만 물이 가득하다. 마침 청소하는 사람을 만났다.

"전에 왔을 땐 이 물을 먹었는데요?"

"물줄기도 약해지고 오염이 됐다고 하네요. 그런데 돌확 좀 살펴보시면…."

지저분한 검불을 헤치고 손을 살짝 밀어 넣었다. 물컹물컹한 게 떠오른다. 도롱뇽 알이다. 투명하고 말랑말랑한 비닐처럼 생긴 알주머니에 까만 알들이 수십 개나 들어 있다. 한 뼘쯤 혹은 반 뼘쯤 되는 알주머니가 꽤나 많다. 여러 놈이 낳았나 보다. 봄의 축복이요, 탄생의 오묘함이다.

이른 봄 할아버지 산소 근처의 밭이나 논둑으로 어지간히 쑥, 냉이, 달래를 캐러 다녔다. 친구들과 온종일 쏘다니다가 산기슭 웅덩이의 물을 휘휘 저어 퍼마시기도 하고 그 물에 흙 묻은 신발과 호미를 씻기도 했다. 그곳에는 으레 도롱뇽의 기다란 알주머니가 있었고 짓궂은 사내아이들은 그것을 논둑에다 건져 놓는가 하면 공처럼 던지며 놀기도 했다. 그때쯤 아버지는 '갯둑밭' 봄갈이를 했으며 그 바람에 겨울잠을 자던 두더지, 도롱뇽이 놀라 깬 적도 있었다. 아버지는 쟁기질을 멈추고 잠시 허리를 펴셨다.

"이놈들도 너희들처럼 새벽잠이 많은가 보다. 늦잠을 자는 걸 보면."

놈들은 어리바리하다가 다시 흙 속으로 들어가 버리고, 동생과 나는 아버지 뒤를 따라다니며 뿌리줄기인 하얀 메를 치마에 쓱쓱 문질러 먹었다. 달착지근하면서 향긋한, 끈질긴 생명력의 봄맛을 아작아작 씹었다. 우리는 아버지가 아침 쇠죽을 다 쒀 놓고 부지깽이로 창살을 두드려야 일어났으니 그런 말도 들을 만했다.

얼마만인가. 어린 시절 흔히 보았던 도롱뇽 알이다. 진정 봄을 만난 듯 반갑기 그지없다. 불현 듯 '어디서 무엇이 되어 다시 만나랴'라는 그림이 스쳐간다. 김광섭 시인의 시 한 구절을 표제로 삼은 김환기의 추상 점화다. 이국의 밤하늘 아래서 고향의 그리운 얼굴들을 점 하나하나로 떠올리며 그렸다고 한다. 우리가 어디서 무엇이 되어 다시 만날는지는 아무도 모른다. 하지만 분명 수많은 인(因)과 연(緣)이 만나 생성된, 그 점 같은 순간들이 서로 기대 이어지고 또 새로운 만남으로 한없이 되풀이되는 게 아닌가.

알은 그 모습 그대로인데, 들로 산으로 뛰어놀기 바빴던 그 소녀. 왜 자꾸 오가는 계절이 아쉽고 두렵고 초조한 건지. 시간과 건강과 일에 대한 구속에서 훌훌 벗어날 수는 없는지. 곰곰이 생각해보면 알도 그때 개구쟁이들이 장난하던 그 도롱뇽의 알은 아니잖은가. 언제쯤 이 허허로운 욕심을 내려놓을 수 있을까.

십여 년 전 사회적 이슈가 된 도롱뇽 소송이 떠오른다. 경부고속철도 천성산 터널 공사를 중단시킨 사건이다. 환경단체는 터널 굴착과 고속철 통과는 천성산에서 서식하는 도롱뇽 생태계를 파괴시킬 것이라고 주장했다. 게다가 한 여자 스님의 단식투쟁이 수차례 이어졌으므로 이로 인해 국책사업이 3년간이나 지연되었다. 결국 공사는 재개해 철도는 개통됐으나 막대한 경제적 손실을 초래했다. 도롱뇽의 생존권이냐, 인간의 편의주의냐의 쟁점이었던 것이다. 다행히 봄이면 천성산에 이전과 마찬가지로 도롱뇽과 북방개구리 등 많은 파충류가 서식한다고 한다. 뜻하지 않게 천성산의 도롱뇽은 환경을 가늠하는 바로미터가 된 셈이다.

양평의 아침, 청정지역에서만 산다는 도롱뇽. 그 알이 오늘의 봄을 그리고 먼먼 어제의 봄을 몸으로 맞이하게 했다. (2014. 3)

그녀의 앞치마

아침저녁으로 진통제를 맞으며 겨우 몸을 추스르고 있을 때다. 뜻밖에 그녀가 커다란 가방을 들고 병실로 들어온다.

그녀는 보온병의 녹두죽을 시작으로 불고기, 멸치볶음, 우엉조림, 시금치나물 등을 주섬주섬 내놓는다. 남편 밥까지 해온 것이다. 수술한 지 일주일밖에 되지 않아 겨우 죽만 깨작대다가 울컥하고 말았다.

10여 년 전 주민센터에서 처음 요가를 배웠다. 개설된 지 몇 달 뒤라 뒷좌석에서 엉거주춤 흉내만 내고 있었다. 그중 나이가 좀 들어 보이는 사람 곁에서 간신히 따라하고 있었다. 그녀의 동작은 매우 유연하고 정확했다. 한 주에 두 번씩 만나 자연스레 이웃 친구가 되었다. 그 무렵 아파트 재건축으로 집집마다 이사를 앞두고 어수선할 때라 그녀와 만나면 이사할 걱정을 주저리주저리 늘어놨다. 그녀는 선뜻 이삿날 도와주겠단다.

구체적으로 약속도 하지 않았는데, 그녀는 이사하는 날 고무장갑과 앞치마를 들고 와서 자질구레한 부엌일을 말끔히 해줬다. 냉장고 청소며 냉동실의 너절한 비닐봉지까지 익숙하게 처리해주니 옆에 있던 딸들까지 혀를 내둘렀다.

그녀는 우연의 일치인지 묘하게도 우리 전셋집 근처로 이사를 했다. 이전보다 더 자주 왕래했다. '정 각각 흉 각각'이라지만 드는 정은 흉을 덮고도 남았다. 차를 마시며 시장도 함께 다니고 점심도 자주 나눴다. 내 나름대로 신뢰의 정을 부단히 쌓아갔다. 그녀의 요리 레시피를 들을 때도 나는 초보자처럼 진지하게 받아들였다. 그리고 다음 만났을 때 가르쳐준 대로 하니까 더 맛있었다는 말을 잊지 않았다.

인터폰으로 자주 연락하던 이웃이 두 사람 있었다. 공교롭게도 그들이 용인으로 그리고 양평으로 이사를 가고 말았다. 한동안 그 허전한 마음을 달랠 길이 없었다. '솥 떼어 놓고 삼 년'이란 말도 옛말이고 이제는 이사가 예삿일인데, 왜 이렇게 연연할까 하다가도 눈에서 멀어진 그들을 못 잊고 있었다. 그냥 쓸개 빠진 사람처럼 시시콜콜한 수다를 떨고 싶었다. 갈피를 못 잡던 감정이 그녀를 만난 뒤 자연스레 그녀에게 쏠리고 말았다.

그녀는 결혼 후 수십 년 만에 해후한 친구 같았다. 한 우물물을 먹고 자란 초등학교 동창생을 만난 듯 그립고 편안하다. 말과 행동, 마음씀씀이, 음식과 장 담그는 솜씨까지 은연중 오래된 친구 아니 친정엄마를 생각나게 했다. 사람의 정은 일방통행이 아닌가 보다. 시간이 흐를수록 그녀는 내게 각별한 사람이 되어 갔다.

음식 솜씨 좋은 그녀는 손수 띄운 청국장은 물론 구수한 된장국에다 새큼달큼한 오색 겨자채까지 들고 오곤 했다. 남편은 그녀가 처갓집 식구 같단다. 나도 동생네서 보내주는 김장배추, 무, 양념 등과 아들네서 보내는 과일, 생선 등을 번번이 나누며 자매처럼 지냈다.

내가 남편 흉을 볼 때면 그녀는 어찌나 맛나게 깔깔거리는지 덩달아 신바람이 났다. 서로 이야기를 주고받다가 샛길로 빠졌다. 어느 선비 마누라가 하도 곤곤해서 점을 봤더니 모월 모일 모시에 당신네 문간에 걸어둔 바가지가 깨질 거라고 했다. 마누라는 고개를 갸우뚱거리며 돌아왔다. 며칠 뒤 소나기가 세차게 쏟아졌다. 밭에서 돌아온 마누라가 마당에 널어놓은 보리가 그대로 비를 맞고 있는 것을 보고 하도 기가 차서 고무래로 바가지를 힘껏 쳤단다. 바가지는 산산조각이 났다. 그녀는 박장대소했다. 남편은 온종일 신문과 씨름하면서 내가 뭣 좀 물어보면 신문 보면 될 거 아니냐고 핀잔을 주니 선비와 다를 게 뭐냐며, 무풍지대의 사람 아닌가 말이다.

3년 뒤 아파트 재건축이 끝나고 새집에 다시 입주했다. 그날도 그녀는 치맛자락 날리며 가구를 닦는가 하면 싱크대와 수납장 등도 말끔히 훔치고 그릇까지 정리하면서 나중에 천천히 손보라고 한다. 재빠른 손놀림이 마냥 부럽다. 멀건이 바라만 보는 내가 부끄럽고 한심하지만 어쩌랴. 이삿짐센터 직원들의 뒤만 쫓아다니기에도 버거운데. 생각할수록 그녀는 내게 유별난 사람이다.

입원하기 일주일 전이었다. 하루하루 날짜가 다가올수록 초조와 불안, 공포와 두려움, 고독감까지 엄습해왔다. 이미 결정한 일, 설마 죽기야 하겠어. 의사는 내가 이천백 번째 수술환자라고 하잖나. 수없이 되뇌며 마음을 달랬지만 지푸라기라도 잡고 싶은 심정이었다. 차마 하지 못했던 말을 그녀에게 실토하고 말았다. 20여 년 참고 참았던 무릎 관절수술을 하게 되었다고. 그녀는 내게 특별한 사람이 아닌가.

수술하고 나면 감당하기 어려운 고통으로 누군가에게 몹시 의지하고 싶을 때가 있을 것만 같았다. 그럴 때 딸들? 며느리? 남편? 고개를 젓다가 그녀를 떠올렸다. 오직 그녀만이 돌아가신 친정엄마 역할을 해줄 것 같아서 염치 불구하고 고백한 것인데 지나친 부담을 주었나 보다.

그래도 그녀의 세 번째 병실 방문은 당혹스러웠다. 딸들도 아빠는 음식을 건드리지도 않고 있다며 한두 번 해오던 것마저 더 이상 해오지 않는데, 그녀는 3번이나 칠첩반상이 무색할 정도로 들고 왔다.

20여 일 만에 퇴원한 후 정월대보름이 다가왔다. 그녀는 또 오곡밥과 구절판에 갖가지 나물을 가지런히 해왔다. 아프지 않았을 때도 나는 고작 서너 가지 나물밖에 한 적이 없는데, 이럴 수가. 나는 약을 먹기 위해 마지못해 숟가락을 들었고 남편은 워낙 소식(小食)을 하니 일주일 정도나 먹었다. 그녀는 나의 수호천사다.

요즘은 충주 농가주택에서 농사지은 상추, 오이, 가지, 호박, 비트, 부추 등을 그곳에 다녀올 때마다 들고 온다. 그림 같은 집을 짓고, 마당 한편 예닐곱 평 되는 밭의 농작물을 봄부터 갖다 준다. 사랑이고 기쁨이다. 그녀는 내게 보통사람이 아니다.

그녀와 마주 앉아 있으면 꿈꾸는 고향이 보이며 얼룩진 행주치마에 땀을 닦던 친정엄마 모습이 스쳐간다. 내가 힘들 때마다 그녀의 앞치마는 다름 아닌 엄마의 그 모습 그대로 정이 샘솟고 있었다. (2016. 7)

슬프도록 아름다운

오솔길을 걷는다. 빨갛게 물든 화살나무, 노란 잎의 수수꽃다리, 보랏빛 구슬 열매가 달린 작살나무 위에 가을이 여물고 있다. 코스모스와 산국, 계절을 잊은 장미 한 송이도 낯선 손님을 반긴다. 첩첩이 산으로 둘러싸인 새둥주리 같은 포근한 '숲체원'이다.

강원도 횡성군 둔내면 청태산로에 위치한 숲체원, 밀림 속의 전원(田園)이요, 천혜의 자연휴양림이다. 숙소를 뒤로하고 산 정상으로 오르는 '편안한 등산로'로 들어선다. 약 1㎞쯤 되는 휠체어 데크로드다. 뱀처럼 휘돌아간 낭만적인 숲길이다. 누구나 편안하게 숲을 완상할 수 있도록 'Universal Design'을 적용한 나무데크다.

달착지근한 공기를 듬뿍 마시며, 우거진 숲속에서 느릿느릿

걷는다. 나그네의 발길은 넉넉함이 묻어난다. 등산로 입구에선 자작나무로 만든 익살스런 사람, 개, 오리 등의 캐릭터도 만날 수 있다. 숲과 사람, 동물이 공생하는 생태계의 균형을 상징한 것이라 생각된다.

데크로드의 생나무 두리기둥에선 임의 품처럼 안겨도 보고, 건너편 오색 단풍에선 색동이불인 양 포근히 잠들고 싶어진다. 다람쥐들이 잡목 사이로 팔랑거리며 숨바꼭질을 하고 은방울꽃 빨간 열매가 수줍은 듯 고개를 내민다. 게다가 먼 길을 떠나는 낙엽들, 열정적인 삶을 불태우다 그 생을 마치고 바람에 흩날린다. 그리움의 새순 하나 틔우려고 그렇게 서두르나 보다. 우리 인생살이도 무엇이 다를까.

쭉쭉 뻗은 나무들 사이로 이리 휘고 저리 굽어진, 옹이 박힌 소나무가 눈에 띈다. 지난날 내 삶의 길인 듯하다. 저 멀리 산잔등으로 구불구불한 비탈길도 보인다. 오래전 남편의 월급은 말 그대로 박봉이었다. 친구 남편 직장의 경비원보다 월급이 적은 것을 알았을 때 그 낭패감이라니. 목욕탕을 경영하던 친구는 자기를 만날 땐 제발 내복이나 양말 보따리라도 들고 오란다. 종업원도 여럿이라고. 주변머리 없는 나는 끝내 그런 용기도 없었다.

시어머니 생전에, 개성에서 피란 온 어머니 친구 분은 나를 당신 딸처럼 살펴주셨다. 어느 핸가, 김장을 함께하면서 채소를 다듬으며 한마디 하셨다.

"개성 사람들이 알뜰하다고 해도 자네보단 덜했네."

비탈진 언덕배기에 울퉁불퉁한 자갈밭, 그늘을 드리울 만한 나무 하나 없었다. 오직 절약만이 최선의 생존이었다.

지방 도시의 우산도 펼 수 없는 꼬불꼬불한 골목길, 마주 오는 사람이 비켜가기도 어려운 모퉁이 집에서 서울로 이사했지만 특별히 나아진 것도 없었다. 내 직장만 잃고 말았다. 한 달 치의 쌀과 연탄을 들여놓고 나면 별로 남는 것이 없었다. 어머니의 손자 욕심으로 아이들은 넷이나 되고 그중 한 아이는 태어날 때부터 심장 기형아였다. 십수 년 동안 계절도 잊은 채 오직 한 가지 마음뿐이었다. 아이가 가쁜 숨을 몰아쉴 땐 입술을 깨물며 울음을 삼켰다. 어머니는 손녀보다 며느리를 걱정하며 "사람 구실 못하겠구나. 어미 가슴에 못 박을까 두렵다"고 하셨다. 깊은 상처의 뿌리에서도 사랑은 가장 밝은 빛깔로 다시 태어날 수 있다지 않는가. 결코 신념을 잃지 않았다. 드디어 의술의 발달은 아이를 정상인으로 거듭나게 했다. 태양이, 별이, 꽃이 그곳에서 빛났다. 이번 여행도 그 둘째 딸의 주선이었다.

처음 아파트에 이사해서도 아이들은 별 무리 없이 적응하며 따라 주었다. 어머니 돌아가시고 6식구가 북적거려도 관리비가 옆집 4식구보다 적었다. 그 집 할머니는 '반장댁'이라 관리소에서 뭔가 덜 받는 게 아니냐고. 아낄 수 있는 것은 수도료와 전기료뿐이었다.

아이들이 대학 다닐 때도 그랬다. 모두 2호선 전철로 등교할 수 있었고 아르바이트하면서 자신의 용돈을 충당했다. 막내는 편의점과 극장에서 일한 적도 있었다. 한번은 '백조의 호수'를 한 달 내내 봐도 또 보고 싶다고 해, 취직 한번 잘 했다며 언니들이 놀려댔었다. 등록금은 큰애가 결혼하기 직전까지 할부로 상환했다.

참고 견디고 기다려준 4남매. 이처럼 편안한 데크로드를 걸을 수 있는 것도 모두 그 아이들의 힘이다. 어두컴컴하고 가파른 골목길이 있기에 데크로드 같은 길이 더 빛을 발할 수 있다. 젊은 날의 가난은 아픔이라기보다 달콤 쌉싸래한 추억이 아닌가 싶다. 꿈꾸는 사람처럼 나무의자에 앉아 있는 나를 챙긴 것은 앞서가던 둘째사위였다.

데크로드가 끝나고 반환점에 이르렀다. 두 팔을 벌리고 빙그르 돌아본다. 날아갈 듯 자유롭다. 눈이 부시도록 아름다운 숲속에서 심호흡을 한다. 깊게 들이쉬고 천천히 내쉰다. 마음이 차분히 가라앉고 고요해진다. 고통, 불안, 초조, 두려움에서 벗어난다. 자연스레 일어나는 이 행복감. 행복은 원래 마음의 기본 상태라 그 마음이 고요해지면, 다시 초기 상태인 행복으로 돌아간다고 한다.

자연이 아무리 그곳에 있다 해도 사람과 함께하지 않는다면 무슨 의미가 있겠는가. 서로 상생할 때 우리는 자연 속에서 몸과 마음이 치유될 수 있는 것이다. 숲속에 내가 있고 숲이 내 안에 존재한 하루. 슬프도록 아름다운 숲체원의 가을이 가슴속까지 물들인다. (2014. 10)

하늘 팔구 하늘 먹구

비밀한 선경인 듯 아름답다.

전시관 입구, 양쪽 벽은 연분홍빛 휘장이 천장에서부터 바닥까지 찰랑댄다. 갓난아기 살결처럼 보드라운 휘장은 긴 터널을 이루며 미풍에 하늘거린다. 눈이 놀라고 심장이 뛴다. 황홀하다. 박기원의 「도원경」이다. 봄바람 살랑대는 듯한 휘장은 역사가 되어버린 과거와 불가해한 미래를 현시점의 초시간성 공간으로 관람객을 안내한다.

국립현대미술관 과천관의 『달은, 차고, 이지러진다』의 특별전이다. 현대미술관이 과천으로 이전한 지 30년이 되는 해다. 미술관의 소장품을 중심으로 작품이 탄생하는 시대적 배경-제작-유통-보존-소멸-재탄생의 생명 주기와 그 작품의 운명을 '달의 순환'에 비유하여 고찰한 전시다.

도원경을 지나 다음 전시실로 들어갔다. 까만 캔버스에 반짝이는 작은 불빛은 밤하늘을 의미하고 공중에 떠 있는 커다란 두 개의 원판 모형은 달을 상징하고 있는 듯하다. 그 옆에 김환기의 「달 두 개」가 걸려 있다. 시간이 흐를수록 작품과의 거리는 멀어만 진다. 긴 생머리 여인이 알몸으로 돼지우리에서 두 다리, 두 팔로 돼지처럼 기어 다니고 파마머리 남자가 펄쩍펄쩍 뛰다가 주저앉기를 되풀이하는 영상은 원초적 욕구인가. 무엇을 알고 무엇을 모른다고 해야 하는지. 그 순간의 시간 속에서 우연처럼 한 작품을 만났다. 김순기의 「편지(고향 떠난 지 근 30년)」다. 먹물의 농담과 번짐을 적절히 조화시켜 글로 쓴 그림이다.

> '고향 떠난지 근삼십년 돌아와보니/ 다 팔아 먹었어요
> 땅팔구 땅먹구 하늘팔구 하늘먹구/ 山팔구 山먹구 바다팔구 바다먹구
> 해팔구 해먹구 달님팔구 달님먹구/ 구름팔구 구름먹구 꿈팔구 꿈먹구/…
> 먹구팔구 먹구먹구 팔구먹구/ 구구팔십일 닐리리야 좋구나'

서울에서 한나절 길이라는 이유로 고향 천지가 개벽을 했다. 그 고향 떠난 지 반세기가 넘었다. 무엇 하나 낯설지 않은 게 없다. 부모님 돌아가신 친정은 꼭짓점 없는 삼각형이라고 할까. 형제들도 구심점을 잃어가고 있다. 시오리쯤 걸어 나와야 기차도 버스도 탈 수 있었던 한적한 농촌마을이었다. 타박타박 걷던 하굣길은 왜 그리도 멀던지. 내를 건너고 산모퉁이 마을을 돌고 돌아도 우리 집은 아득했다.

개발은 원주민을 쫓아내고 인심까지 줄행랑치지 않을 수 없게 했다. 앞동산도, 조상 묘소도, 개울도, 샘터도 송두리째 모두가 길로 학교로 빌딩으로 또는 어느 집 부엌으로 거실로 화장실로 바뀐 지 40년이 돼 간다. 하루아침에 내 땅, 네 땅 칼싸움이 벌어지는가 하면 자전거도 몇 대 안 되던 마을에 오토바이가 줄을 이었다. 피 끓는 총각들은 너도 나도 오토바이를 타고 질주하다 줄초상이 났고, 장년들 중에는 손에 거머쥔 토지 보상금을 유흥비로 탕진하기도 하고 떼돈을 벌겠다고 설치다가 하루아침에 알거지가 되기도 했다. 그 와중에 동생은 일찌감치 유치원을 경영해 고향 하늘 아래서 터줏대감 노릇을 하고 있으니 천만 다행이다.

하늘만이 그대로 그 하늘이라고? 멍석에 누워 쏟아지는 은하수를 바라보고, 떨어지는 별똥별을 하나 둘 세며, 장마가 그치면 무지개 찾기에 바빴던 하늘은 고개 너머 저 멀리 가버렸지만 고향에 들르면 머리 위로 여전히 하늘이 펼쳐진다. 그저 아무 일 없었다는 듯 푸르게 빛나고 있다.

문득 지난봄 친정 조카 결혼식이 끝나고 고향 하늘을 바라본 것이 기억난다. 서울을 벗어난 고향 하늘은 꿈속에서나 들을 법한 아련한 이야기들을 토해 놓는다. 사라진 것들이 차츰차츰 눈앞으로 다가온다. 때마침 하늘에 떠 있는 구름이 둥그스름한 우물 모양을 그린다.

바닷가 근처에 살던 큰고모는 마을 가운데 우리가 먹던 우물물이 조선 팔도에서 제일 맛있다고 입버릇처럼 말했다. 저녁때면 으레 그 우물에 두레박줄을 늘어뜨려 물을 길는가 하면, 또래들의 수다 또한 그 우물물처럼 마를 줄 몰랐다. 엄마는 총총히 솔가지를 태워 10식구 밥을 짓고 아버지는 건넌방 쇠죽솥에 흰콩을 드문드문 섞은 쇠죽을 쑤었었다.

엄마를 묻고 얼마 뒤 아버지를 묻을 때 서해 바닷가 산기슭에서도 하늘 끝자락을 본 적이 있었다. 눈이 어리어 바다인지 하늘인지 구별되지 않았지만 부모에게 하지 못한 효도, 더 큰 사랑으로 아이들을 감싸라고. 하늘은 벅찬 과제를 던져주었다. 그 사랑은 내가 마지막 눈을 감을 때 마침표가 될 것이다.

하늘은, 보는 것만으로도 가슴이 벅차오른다. 마음속에 울컥 뜨거운 무엇이 치밀기도 하고 실없이 눈물이 날 때도 있다. 숨겨둔 사연을 하나하나 꺼내 본다면 흔들리는 나를 붙들어줄 힘이 되기도 한다. 더구나 부모님 생각이 복받쳐 오를 땐 스스로를 돌아보며 옷깃을 여밀 때가 있다. 살아야 하겠다는 명제 앞에서 부모님도 나도 잊고 살았다. 무엇을 버리고 무엇을 취하며 살았는지, 삶의 덧없음도 하늘의 변화만큼 무상하다고 해야 하나. 바라보는 시선이 바뀌고 생각하는 마음이 바뀌면 삶도 꿈도 달라질 수 있는 것을.

하늘은 단순한 허공이 아니다. 광활한 우주 공간이다. 무궁무진한 이야기를 품고 있다. 변화무쌍한 모습으로 우리에게 들려주는 장엄한 한 편의 시요 수필이다. 예술가들은 하늘을 동경하며 그림을 그리고 노래를 부르고 있잖은가. 게다가 그의 무한한 자유는 인간의 끝없는 욕망을 유혹한다. 그래서 창공을 나는 새처럼 날게 되었는지도 모르지만 여전히 하늘에 대한 신비감은 사라지지 않고 있다.

다함없는 하늘. 그렇게 그의 이야기를 듣다가 마음이 뜨거워지면, 이제는 그 앞에 나의 이야기를 꺼내 놓아도 좋을 듯싶다. 고향 팔아 고향 먹고, 하늘 팔아 하늘 먹었다고. (2016. 12)

5부

기지개 켜는 글방

창작은 고독한 시간의 힘이요, 산물이다.
현실적 존재 이면에 숨어 있는
상상의 이미지를 눈앞에 보이도록 펼쳐 놓는 것이다.
묵묵히 홀로 걷는 길이다.
하나의 생명이 태어나듯
해산의 진통에 비유되기도 한다.
미술인 축제장인 ASYAAF를 뒤로하면서
한 줄 글을 쓰기 위해 밤을 지새우며
고뇌하는 수필가의 모습이 스쳐가는 것은 왜일까.

엉뚱한 생각

거실에는 그림 2점이 나란히 붙어 있다. 하나는 반 고흐의 「별이 빛나는 밤」이고 다른 것은 「별을 따러 간다」는 작은손자의 그림이다. 고흐의 그림은 지난여름, 며느리가 전시장에서 사온 복사본이고 손자의 그림은 명절을 쇠러 왔다가 그려놓고 간 진품이라고 할까. 분명 진품이다.

새해 첫날 아침이었다. 아들과 딸네 식구들이 모두 모였다. 세배가 끝난 뒤 친손자, 외손자 다섯 놈이 한데 엉켜 컴퓨터 게임을 즐기고 있었다. 각자 다른 게임을 다운 받아 놀고 있으니 순서를 기다리는 건 지루할 수밖에. 제일 어린 꼬마가 그림을 그리고 싶다며 종이와 펜을 달라고 했다. 커다란 달력과 매직펜을 주었더니 이것저것 그리다가 그 중 하나를 떡하니 고흐 그림 옆에 붙여놓았다.

「별이 빛나는 밤」은 고흐가 프랑스 생 레미의 정신병원에서 투병 생활을 하던 중 그린 그곳의 풍경이다. 그는 자연의 본모습을 있는 그대로 그리고 싶어 자기가 쓰고 있던 모자 위에 촛불을 고정시켜 놓고 역사상 최초로 '야외에서' 밤풍경을 그렸다고 한다. 실제로 본 장면을 그렸다지만 그 결과는 결코 현실적이지 않다. 무한한 공간의 신비와 우주의 가공스런 격동이 드러난다. 깊고 깊은 밤의 침묵 속에 하늘은 괴기스런 생명으로 활기를 띠면서 잠든 대지 위로 거대한 촉수를 펼치는 것 같고 그것은 흡사 별들에게 소용돌이치는 리듬을 아로새겨주는 듯하다. 멀리 보이는 교회의 첨탑은 하늘을 향해 불꽃처럼 이글거리는 사이프러스 나무와 대조를 이룬다. 고흐는 자신의 상상력을 통해 밤하늘을 우주의 대사건이 일어나는 현장으로 변모시켰다. 자연과 사물의 내면을 접촉한 사람만이 가질 수 있는 서정과 신비성을 보여준 것이다.

거실에 앉아 있으면 자연스레 눈길이 그림에 머문다. 손자의 진품이 고흐의 명화(名畵)와 같은 주제로 그렸다는 게 우연의 일치라고 가볍게 넘기고 싶지는 않다. 손자는 무한한 가능성이 있는, 엉뚱한 녀석이다. 고정관념과 선입견, 관습과 제도를 뛰어넘지 못하는 이 할미를 이따금 난감하게 몰아붙이는 도전자다.

손자는 달력 뒷장에 커다란 별 2개, 로켓 2개, 로봇과 창고 등을 가득 채우고 맨 위에 달과 별 20여 개를 그렸다. 중간 중간에 지렁이 글씨로 글까지 써넣었다.

'로켓을 타고 올라간다. 1단, 2단, 5단까지 올라가 별을 따고 내려온다. 창고로 가서 별과 로봇과 같이 수수께끼를 하면서 논다. 그리고 잠이 든다. 꿈을 꾸고 별과 같이 달한테 놀러간다.'

초등학교 입학을 앞둔 손자의 엉뚱한 발상이지만 나는 도저히 미치지 못하는 착상이다. 내 글도 이렇게 튀는 생각에서 출발한다면 적어도 진부하지는 않을 것이다.

봉은사 판전(版殿)의 현판 글씨는 추사 김정희가 죽기 3일 전 마지막으로 쓴 작품인데 추사체의 졸(拙)함이 극에 달해 있다고 한다. 서예를 배운 지 얼마 안 된 아이가 써 놓은 것 같은데 졸한 것의 힘과 멋이 천연스럽게 살아 있다며, 감히 비평의 대상으로 삼을 수조차 없는 '신령스런 작품'이라고 전문가들은 밝힌 바 있다. 때로 대가(大家)의 경지는 순진무구한 아이의 생각으로 회귀할 때 정점에 달할 수 있나 보다. 나는 언제쯤 잡다한 번뇌에서 벗어나 잠시나마 손자의 마음을 닮을 수 있을까.

몇 달 전 공항 로비에서 물을 먹은 적이 있다. '아리수' 옆엔 '石水'라는 한자가 쓰여 있었다. 손자는 단번에 외쳤다.

"돌물이다. 야! 돌물이야."

나는 금방 알아듣지를 못해 어리둥절하고 있는데 집게손가락으로 꼭꼭 짚어가며 큰소리친다.

"할머니, 돌석 물수잖아요."

참 엉뚱하다. 요즘 민규가 한자 공부를 하면서부터 물, 불, 나무는 물론 엄마 아빠까지 느닷없이 한자로 말해 식구들을 한바탕 웃기곤 한단다.

유난히 별을 사랑했던 고흐는 밤의 어둠 속에서도 흔히 생각하는 것과는 달리 무한한 색깔들이 있음을 알았다. 그는 동생 테오에게 보낸 편지에 '밤은 낮보다 더 풍부한 색깔을 갖고 있는 것 같구나. 밤은 더 강렬한 보라색들과 푸른색들로 물들어 있는 거야'라고 쓴 적이 있다고 한다. 발상의 전환은 부단한 도전의 부산물이요, 끊임없는 시행착오의 결과다.

손자의 그림을 어찌 불후의 명작에 비할 수 있겠는가. 하지만 하늘을 오가며 별과 친구가 되고 싶다는 손자의 기발한 생각이 모자 위에 촛불을 켜놓고 최초로 야외에서 밤 풍경을 시도한 고흐의 착상과 일맥상통한다면 지나친 비약인가.

'엉뚱한 생각은 문화의 아버지요, 창의성의 시발점'이라고 한다. 그 창의성은 상상력에서 움튼다. 상상력이 메마르면 세상은 권태로워진다. 살맛나는 세상을 위해서도 엉뚱한 생각은 충분히 보호받을 가치가 있다. 일상에서 일탈한 기인의 기행이, 아니 그 상상력이 세상을 바꾸고 있지 않는가. (2008. 2)

기지개 켜는 글방

안방은 나의 침실 겸 서재다. 침대와 책상, 책장이 있다. 컴퓨터는 다른 방에 있으며 남편과 함께 사용하고 있다. 그 방에도 책장이 한쪽 벽을 차지하고 있으니 서재가 둘인 셈이다.

아이들이 쓰던 국어책과 누렇게 변한 고등학교 국어책을 비롯하여 월간 잡지 등 허접한 책들로 넘쳐난다. 일단 손에 들어온 책들은 하나도 버리지 못해 무질서하게 쌓여만 간다.

초등학교 다닐 때였다. 한 평 남짓한 방에서 증조할머니, 할머니, 나 그렇게 세 식구가 지냈다. 윗목에는 고물 머릿장이 있었고 그 옆에서 움파와 콩나물을 길렀다. 아랫목 발치에 작은 앉은뱅이책상이 있었다. 아버지의 손때 묻은, 모서리가 닳고 닳은 것이었다. 왼쪽 머리 위에 알전구 매달고 밤늦게까지 공부했다. 중학교 입시가 있을 때라 서울의 일류여중을 목표

삼아 참으로 열심히 했다. 두 할머니가 한잠을 푹 주무시고 난 후까지 책상에 붙박이처럼 엎드려 공부하는 모습을 보고 우리 큰손녀 그러다가 몸 상하겠다고 걱정하셨으니 말이다. 열정 넘치는 풋풋한 총각 담임과 타의 추종을 불허하는 친구가 동기를 유발하는 요인이 되었던 것 같다.

대학교 때는 이문동 밭 가운데 그 친구네 외딴집에서 전깃불도 없이 사과궤짝에 신문지 깔아 놓고 공부한 적도 있었다. 십수 년 공부했어도 초등학교 때처럼 열심히 한 기억이 없다. 결혼 후에도 그때 공부하던 프린트가 보물처럼 장독대 빈 항아리에 잘 보관돼 있었다.

중·고등학교를 거치면서 아버지에게 어지간히 졸랐다. 외양간 옆 여물광에 곁달아 반 평짜리 공부방 하나 만들어 달라고. 끝내 내 간절한 소원은 이뤄지지 않았다.

결혼 후 7년쯤 지났을 때였던가. 조용한 농촌마을에 시세의 이변이 일어났다. 이른바 '새마을 운동'이라는 근대화 운동이 벌어지면서 게다가 마을 뒤 개천가 일원에 크고 작은 공장이 우후죽순처럼 들어섰다. 일찌감치 일밖에 모르던 남동생은 외양간, 토끼장, 닭장, 헛간, 광 그리고 화장실, 잿간까지 부지런히 방을 만들어 그 방이 무려 20여 개나 되었다. 쪽방 하나 만들지 못한 무능한 내가 시장처럼 북적거리는 친정에 서 있을 곳이 없었다. 집도 사람도 사물도 온통 낯설었다. 순박하고 정겹던 시골마을의 인심은 날로 흉흉해졌다. 그 후 친정나들이는 가뭄에 콩 나듯 했다.

제41회 이상문학상 대상 수상자인 소설가 구효서는 한때 경기도 남양주시 진건읍에 '진건(眞乾) 집필실'을 가지고 있었다. 진건(眞乾)은 '참 하늘'이란 뜻으로 참 하늘 아래서 소설을 쓰고 있다는 것이다. 그 전에도 역시 남양주시 오남읍에 집필실이 있었다.

그는 그곳을 "산이 있고 계곡이 있고 굽은 길과 모퉁이가 있어서 좋다. 지형들이 들쭉날쭉 이어서 좋다. 앞이 훤히 내다보이는 곳보다는, 코앞 모퉁이를 돌아서면 무엇이 나올까 궁금해지는 곳이라 좋다. 저 동산 너머에는 뭐가 있을까. 저 개울물을 따라 올라가면 무슨 꽃들이 피어 있을까. 누가 쫓아오더라도 숨기에 딱 좋은 곳이 이런 곳이다. 누구라도 찾아오겠다고 쉽게 엄두를 못 낼 곳이어서 좋다"고 했다.

내가 읽기와 쓰기를 하는 공부방에서도 건물 사이로 동산이 빠끔히 보인다. 넓은 마당에는 300년쯤 되었다는 팽나무의 우람한 자태가 봄기지개를 켜고, 마로니에 가로수길 옆에 소나무, 복자기, 산수유 등이 어우러져 안개가 자욱이 끼는 날이면 깊은 산속에 안긴 듯하다. 공부에 눈이 트인 10살 무렵부터 막내딸이 결혼할 때까지 무려 반세기를 열망하던 호사다. 한마음으로 이어지던 소망의 결실, 꿈에도 그리던 나 혼자만의 방이 아닌가. 자료를 찾고 메모를 하고 원고지를 메우고 마침내 컴퓨터 자판을 두드리며 밤과 하나 된 열정. 이제는 놀며 쉬며 가자는데 시간은 여일하다. 어제나 오늘이나. 아니 주어진 시간은 더 빠른 듯 겨울은 봄이 재촉하고 봄은 여름이 재촉하고 있다.

헤밍웨이는 하루 연필 8자루가 닳도록 필사를 했고, 무라카미 하루

키는 3월 어느 날 아침 5시 30분에 일어나 조깅을 하고 그리고 무려 17시간을 써내려가 한밤중에 소설이 완성되었다고 한다. 많이 읽고 많이 써야 한다. 그러나 읽는 것보다는 더 많이 써야 할 일이다. 안고수비(眼高手卑), 안목의 탁월함보다 손으로 비유되는 실천의 탁월함이 더 가치 있다는 함축성 비유다. 비록 나의 손이 무딜지라도 한 문장, 한 문단, 한 편의 글을 필사하며 침실 겸 이 글방에서 한번 더 옷깃을 여미련다.

돌아보면 할머니 등을 맞대고 자면서 앉은뱅이책상에 쪼그리고 앉아 공부할 때가 내 인생의 피크가 아니었나 싶다. 갖춰진 서재의 책상과 책장, LED스탠드가 자꾸 멀어져만 간다. 한낱 장식품이 아닌데. '누구라도 찾아오겠다고 쉽게 엄두를 못 낼 곳'에 창작실을 소유하지 못할 바에야 지금 여기 이곳에서 기지개 켜며 다시 어깻바람 일으켜야 하지 않겠나. (2018. 3)

혼자 있는 시간의 힘

기발한 작품들이 발걸음을 붙잡는다. 미로처럼 생긴 부스마다 크고 작은 그림, 공예, 조각들로 가득하다.

2017 ASYAAF. 아시아 대학생·청년작가들의 미술축제가 동대문 DDP에서 올해로 10주년을 맞이했다. 작가들의 등용문으로 자리매김한 국내 최대의 미술인 축제다. 전시 기회를 얻기 힘든 그들에게 전문 작가로서의 비전을 제시하는 장이며 대중과 컬렉터, 갤러리 관계자와 만날 수 있는 허브다.

10만원 소품 출품은 의무적이었는데 인기리에 전 작품이 판매되었고 대담한 선과 색채가 눈에 띈 대작들은 애호가들을 피해갈 수 없었는지, 일찌감치 예약되었다.

젊은 작가들의 관심사는 꿈과 현실의 경계나 이상의 탐닉이었다. 리얼리티와 무의식적인 잠재의식의 노출 등 다양한 이데

아의 세계를 공감각적으로 표현하고 있었다. 지나간 세대의 생활상을 추억하기도 하고 도심의 기계적 인성을 차곡차곡 다루기도 했다. 그것은 사회성의 고발일 수도 있고 또 다른 이상을 향한 파격적인 충돌일 수도 있다. 버려진 생활 자재나 의미 없는 용품에 아이디어를 불어넣어 독특한 미적 모티브를 제시한 것도 신선했다. 현실의 잔재가 어떤 것이든 작가의 창의적 손을 거쳐 다양한 형태의 미디어와 결합한 가치의 전환이었다.

꿈은 현실의 경계를 허물며 심상의 고향처럼 작품을 파고든다. 스스로 올가미에서 벗어나려고 치열하게 도전하고 있다. 파격적인 조형으로 감춰졌거나, 버려져 웅크리고 있던 내면의 세계를 과감히 파헤쳤다. 그 이면에는 산업화사회에서 황폐해가는 자연과 인간에 대한 우울한 감수성이 깃들어 있기도 하다. 그들의 의도된 여흥은 멀리 더 멀리 우주까지도 자신들의 내면으로 불러들이고 말았다. 그 용틀임은 바로 창조를 향한 수고였고, 시공을 재구성한 노력의 조각들이었다. 기계적 부품으로 전락해 무념의 타성에 젖어 생활하고 있는 현대인들은 과연 어디서 인간의 윤리와 도덕성과 진선미에 대한 가치추구를 조정할 수 있을는지.

강지호의 작품 「갖고 싶은 것들-집」은 자투리 널빤지로 뾰족집을 지은 것이다. 집보다 큰 굴뚝엔 모자를 씌우고 CD판을 붙여 놓았다. 웅장한 굴뚝에서 베토벤의 교향곡이 흘러나오기를 바라는 것일까.

황지영의 「Roof」는 죽은 나무가 밧줄에 매달려 있다. 그 나무마저 푹신한 이불 위에 심어져 있고 찾아든 새들도 깃털이 빠져 풀풀 날아다닌다. 땅에는 갖가지 사탕들이 마구 흩어져 있다. 부모의 과잉보호를 받고 자라는 요즘 아이들을 상징한 작품이다.

안세희의 작품 「빨래」는 기이하고 난해하다. 파란 하늘을 배경으로 한 빨랫줄에는 평범한 수건이나 옷가지 같은 세탁물이 아니고, 눈썹 같은 그믐달과 빨간 행성이 집게에 집혀 있다. 우리 아파트 정원의 팽나무만 한 우람한 나무도 거꾸로 매달려 있고, 한가운데엔 발가벗은 작은 아이가 철봉 운동을 하듯 척 걸쳐 있다. 그 곁에 있던 도슨트가 알몸 아이는 작가 자신을 표현한 것이라고 이른다. 사람을 빨랫감처럼 세탁하고 싶었나 보다. 같은 작가의 「네 생각」도 그렇다. 오색영롱한 무지갯빛 물방울 속에 역시 발가벗은 작은 아이가 서 있다. 고독하고 보잘것없이 왜소한 나를 주위 사람들이 무지개처럼 닿을 수 없는 사람으로 생각해주는 것은, '내 생각이 아닌 네 생각'이라는 것이다. 각각의 작품들은 인간의 욕망과 집착을, 사회의 병폐와 부조리를, 오염된 마음과 훼손된 자연 그리고 자신의 무력감 등을 고발한 것이 아닌가 싶다.

실험성이 강한 현대 예술의 표출이다. 풍부한 상상력과 생동감이 넘치는 붓놀림의 터치는 꿈에서나 볼 법한 환상적인 이미지를 구상해냈다. 그것이 그들만의 관심, 집념, 도전의 산물이지만 의도적 심상의 형상화와 공감을 기대한 나에게도 새로운 자극이 되었다.

전시장 한쪽에는 작가의 포토폴리오도 전시 중이다. 수천 번의 붓질과 고뇌의 흔적이요, 작품을 탄생시키기 위한 혼자 있는 시간의 축적이다. 자신만의 창의적인 방법이, 비슷한 듯 다른 궤적들이, 덧칠에 덧칠을 반복하고 있다. 붓을 던지고 미친 듯이 뛰쳐나간 적은 없었을까. 외로움이나 초조감은 때때로 엄청난 에너지로 분출되기도 한다. 끙끙거리던 문장이 시장을 오가는 길이나 지하철에서 불쑥 튀어나올 때가 있다. 화가는 그림으로 수필가는 문예창작으로. 고통의 암흑 속에서 한 줄기 빛이 그립듯이 비로소 하나의 작품이 탄생되는 것을.

창작은 고독한 시간의 힘이요, 산물이다. 현실적 존재 이면에 숨어 있는 상상의 이미지를 눈앞에 보이도록 펼쳐 놓는 것이다. 묵묵히 홀로 걷는 길이다. 하나의 생명이 태어나듯 해산의 진통에 비유되기도 한다. 미술인 축제장인 ASYAAF를 뒤로하면서 한 줄 글을 쓰기 위해 밤을 지새우며 고뇌하는 수필가의 모습이 스쳐가는 것은 왜일까.

(2017. 8)

거기 오동나무 한 그루가

씨앗 한 알이 날아와 뿌리를 내렸다. 묘목을 이식하려고 살필 때, 바로 여기야, 할 정도로 적소였다. 아파트 정문 옆, 정원에서 세 살 된 오동나무가 늠름하게 자라고 있었다. 어딘지 허전해 마로니에라도 심었으면 했는데. 들며 나며 시선이 가는 것은 남모를 짝사랑이었나 보다.

그 앞을 지날 때마다 고향이 붉은 노을처럼 번져 왔다. 산자락을 휘감은 듯 '송골논'이 있었고 샘물 언덕바지에 커다란 오동나무가 봄이면 보라색 꽃을 피웠다. 모를 낼 땐 그 나무 밑에서 아버지와 일꾼들이 새참을 먹느라 잠시 일손을 놓곤 했다. 진한 꽃향기가 코끝에 스치고 앞산 뒷산에서 뻐꾸기 소리 낭자했다. 막걸리 주전자를 들고 엄마 따라온 소녀는 떨어진 꽃잎을 소금쟁이 놀이터에 띄우며 물방개와 숨바꼭질했다. 나무초리까지 오른 산골의 봄이 그렇게 가고 있었다.

정원의 잔뜩 물오른 오동나무가 어느 날 무참히 잘려 나갔다. 예리한 도구로. 연분홍 매화꽃이 피고 무리 진 산수유가 노란 동산을 이룰 무렵, 토르소처럼 나무의 밑둥치만 남아 있었다. 그 주위를 돌아보며 살폈다. 가지 일부라도 떨어뜨렸을까 두리번거렸지만 흔적조차 없었다.

관리소 소장을 만났다. 정문 옆 오동나무를 본 적이 있느냐고. 소장은 누가 그런 짓을 했는지 자기 마음도 아팠단다. 격한 마음이 조금은 가라앉았다. 소장도 오동나무가 자라고 있던 걸 알고 있었나 보다. 정원이 조성될 때 애초부터 심은 나무라면 으레 그중 한 나무려니 했을 텐데. 밑동에서 새순이 나올지도 모르니까 날카로운 윗부분을 다듬어 줬으면 하고 발길을 돌렸다.

딸을 낳으면 오동나무를 심어 시집갈 때 장롱을 만들어 보낸다고 하잖나. 게다가 수만리 창천을 날아 어깻죽지가 저려도 봉황은 오동나무라야 깃을 접고 신방을 차린다고 한다. 50년마다 열리는 죽실(竹實)을 먹고 영천(靈泉)의 물을 마신다는 봉황. 금슬도 뛰어나 평생 해로하며 짝 중에 하나가 세상을 하직하면 따라 죽는다는 상서로운 그 새다.

오동은 가볍고 연하며 무늬가 아름답고 소리의 전달 성능이 좋아 가야금, 거문고, 아쟁 등 전통악기의 재료로도 쓰인다. 조선 중기 문신 신흠(申欽)의 『야언(野言)』에도 '오동은 천년이 지나도 가락을 잃지 않는다'고 했다.

지난가을 어느 날이었다. 오동나무 잎의 뒷면은 별 모양의 갈색 털이 있어 보드라운 벨벳 같다. 그 널따란 잎의 끝이 살짝 말려 있는 게 눈에 띄었다. 학생들이 다니는 길목이라 개구쟁이의 손이 일부러 접어 놓은 줄 알았다. 잎사귀 하나를 조심스레 폈다. 뜻밖에 '검은 점박이 주황색 무당벌레'가 숨어 있지 않은가. 가만히 있으면 좋았을 텐데, 애꿎게 학생들을 탓하면서 무당벌레 보금자리를 헐은 꼴이 되었다. 접힌 잎이 점점 늘었다. 이제는 구멍이 있는 쪽으로 살며시 들여다보았다. 딱정벌레 비슷한 곤충이었다. 가을이 깊어질수록 층층이 접힌 곤충의 집들이 나무 꼭대기까지 마치 아파트 모양을 닮았다. 그들도 우리와 이웃해 오순도순 살고 싶었나 보다.

단풍이 노랗게 들기 시작하면서 점점 짙은 갈색으로 변해갔다. 한 잎 두 잎 떨어지더니 몹시 바람 부는 날, 마지막 한 잎까지 몽땅 떨어지고 말았다. 그 한 잎마저 떨어질 때 나는 오규원의 시 「한 잎의 여자」가 떠올랐다. 물푸레나무를 오동나무로 바꿔 시를 읊조리곤 했다.

> '나는 한 여자를 사랑했네./ 물푸레나무 한 잎같이 조금한 여자/ 그 한 잎의 여자를 사랑했네./ 물푸레나무 그 한 잎의 솜털/ 한 잎의 맑음/ 한 잎의 영혼/….'

잎을 떨군 오동은 무성했던 지난날을 잊은 듯 오직 묵언으로 서 있었다. 수형이 오롯이 드러난, 하늘을 떠받치듯 의연히 서 있던 그 모습은 군(軍)에 간 손자처럼 꿋꿋했다. 발가벗은 나무 앞에서 두 겹 세 겹

껴입고도 외투자락 여미는 나는 한없이 여리고 부끄러웠다.

우람한 팽나무 곁에 한 그루의 나목. 어리지만 그 기세가 위풍당당했다. 밑동 굵기는 장정 팔뚝만 하고 키는 내 키의 3배쯤 됐다. 바람 잘 통하고 양지 바른 곳이라 부쩍부쩍 자랐다. 아파트 정자목(亭子木)이 된, 전남 고흥이 고향인 팽나무가 이 정원에 이주한 지도 어언 10년이 되어가니 무려 삼백 살하고도 열 살이나 된다. 그 곁에 두 팔 벌리고 서 있었던 오동나무. 까마득한 연륜의 깊이가 나무에서 나무로 전이될 수 있잖을까 생각했었다. 머잖아 꽃도 피리라 기대했는데.

아름드리 거목은 아니었지만 여름날의 푸르른 그늘을 드리웠고 가을날의 새는 물론 곤충까지 사랑으로 보듬었지 않았나. 그리고 한 계절 내내 힘겹게 키워낸 '겨울눈'을 온힘으로 보호하고 있었을 것이다. 뿌리는 뿌리대로, 줄기는 줄기대로, 가지는 가지대로 에너지 소모를 아끼며 모든 열정을 그 '겨울눈'에 받치지 않았을까 싶다. 영하의 한철을 견디며 그 속살엔 수행의 이력 같은 흔적, 나이테의 동심원도 그렸으리라. 오직 새봄을 기다리면서.

봄이 오기를 나도 덩달아 갈망했는데. 밑동이 잘리지 않았다면 이 정원에서 한 해 한 해 나이테를 늘려가며 조곤조곤 옛이야기 나눌 수 있었을 것을.

'모든 생명체는 죽는다.' 오동나무도 하나의 생명체이다. 초록별인 지구에서 절체절명의 명제는 오직 이 진리 하나뿐이라 하잖나. 나무는 누군가에게 발견되지 않더라도 그저 제 이름을 지닌 채 묵묵히 살아간다. 하지만 이미 어렵사리 들켜버린 후에 상실감은 누군가의 기억에 자라잡고 있어 더 슬프다. 내 가슴속에 뿌리내린 오동나무가 그렇다.

(2018. 3)

웃는 기와를 만나다

얼굴무늬수막새는 볼수록 매력적이다. 살구씨 같은가 하면 호박씨 같기도 한 시원한 눈매, 큼지막하고 넙데데한 콧대, 수줍은 듯 해맑게 웃음 짓는 입, 살짝 올라간 입꼬리. 그 미소는 쑥스러운 듯하면서도 퍽이나 관능적이다. 건물의 지붕 처마를 죽 돌아가며 이런 미소 짓는 여인의 얼굴로 장식한다는 것, 그 낭만과 파격에 웃음이 나오지 않을 수 없다.

우리에게 가장 많이 알려진 '신라의 미소'는 신라소면와당(新羅笑面瓦當)이라 불리는 막새를 말한다. 얼굴무늬수막새 또는 인면문원와당(人面紋圓瓦當)이라고도 한다. 인면문(人面紋)은 말 그대로 사람의 얼굴을 대상으로 표현한 문양양식이다.

막새란 기와의 마구리인데, 막새나 내림새의 끝에 둥글게 모양을 낸 부분으로, 원형이나 혓바닥 같은 반원형의 무늬가 있다. 보통 막새기와, 와당(瓦當)이라고도 하는데 처마 끝의 수막새와 암막새를 통틀어 이른다. 수막새의 무늬는 대부분 연화문(蓮花文)이지만 보상화(寶相華), 당초(唐草), 천인(天人)과 문자가 있는 것도 있어 실로 다양하다. 한편 목조 기와집의 처마 끝을 장식하는 '수키와' 또는 그 수키와 끝에 달린 무늬가 새겨진 부분으로 문양에 따라 묘두와(猫頭瓦), 화두와(花頭瓦)라고도 한다.

신라인들은 자신들이 사는 땅을 불국토라 여겼고, 기와 한 장에도 이러한 이상향을 담았다. 화려한 연꽃무늬와 불경 속에 나오는 사람의 머리에 새의 몸을 한 상상의 새인 가릉빈가(迦陵頻伽), 천계에 살면서 하늘을 날아다닌다는 상상의 여자 선인(仙人)인 비천(飛天) 등이 기와를 통해 신라인의 삶 속에 녹아든 것이다. 지붕에 비가 새는 것을 막기 위해 쓰는 기와 한 장에도 예술적 감각으로 승화시킨 신라인의 정신이 깃들어 있었다. 하지만 1932년 영묘사지(靈廟寺址)에서 출토된 인면문수막새는 이런 무늬들과 달리 사람의 얼굴 모양으로 만들었다는 점이 특이하다.

그 당시 일본인 골동상들의 관심이 이 와당에 쏠렸다. 그때 경주의 야마구치 의원에서 공중의로 일하던 다나카 도시노부(田中敏信)가 이 소식을 들었다. 27세의 청년 다나카는 곧바로 골동가게에서 당시 돈

100원을 주고 이 와당을 구입했다. 2년 뒤 학술지와 조선총독부 기관지 등에 이 와당이 소개되었다. '여자의 웃는 얼굴을 조각한 회백색 기와, 신라 와당 중에서도 아직까지 볼 수 없었던 희귀하고 섬세한 문양이 특히 이색적'이라는 내용이었다. 그것이 바로 '얼굴무늬수막새'였다(7세기경으로 추정). 지금 우리가 '신라의 미소'라고 부르는 그 와당이다.

1945년 우리나라는 해방이 되고 다나카는 일본으로 돌아갔다. 얼굴무늬수막새도 함께 가져갔다. 하나밖에 없는, 멋진 수막새가 한국 땅을 떠난 것이다. 이후 사람들의 기억 속에서 잊혀갔다. 1964년 경주박물관의 박일훈(朴日薰) 관장이 여러 곳에 소재를 수소문하던 중, 일본 후쿠오까현(福岡縣) 북구주시(北九州市)에 살고 있는 다나카가 소장하고 있음을 알아냈다. 박일훈은 편지로 다나카에게 우리나라의 하나뿐인 얼굴무늬수막새의 반환을 간절히 부탁했다. 드디어 1972년 10월 14일 다나카가 방한하여 경주박물관에 기증함으로써 국고에 귀속되었다. 천년고도 경주에서 우리는 그렇게 '신라의 미소'를 만났다.

옛날 신라 사람들은/ 웃는 기와로 집을 짓고
웃는 집에서 살았나 봅니다/ 기와 하나가
처마 밑으로 떨어져/ 얼굴 한 쪽이
금가고 깨졌지만/ 웃음은 깨지지 않고
나뭇잎 뒤에 숨은/ 초승달처럼 웃고 있습니다

나도 누군가에게 한 번 웃어주면/ 천년은 가는
그런 웃음을 남기고 싶어/ 웃는 기와 흉내를 내봅니다

「웃는 기와」 - 이봉직

시를 읽으며 나도 초이렛날 달을 마냥 바라본다. 살짝 미소 띤 여인의 얼굴이 장식된 기와지붕 처마를 그리며 신라인들의 낭만과 여유 있는 분위기에 젖어든다. (2017. 8)

유월이 오면

벼락치고 천둥소리 들리던 날, 다리는 끊기고 땅은 찢어졌다.
아버지는 숨고 고모부는 굴비처럼 포승에 묶여 끌려갔다.
하늘도 땅도 고모도 울고 나도 울었다.
포성은 멈출 줄 모른 채 순이 오빠도 전선으로 달려갔다.

수십여 년 한숨 속에 누구 하나 소식 없고
고모도 순이 엄마도 이 세상 사람이 아니네.
그 비명 아직도 고향산천에 메아리치지만
임들의 희생으로 오늘이 있고 내일의 태양은 다시 뜬다.
하늘과 땅과 바다가 저토록 기름지고 푸르른 것은
임들의 숭고한, 영원한 핏빛이 아니런가. (2017. 6)

두려움 없이 낯설게 하기는

예술의 전당 한가람미술관에서 재미난 인물화를 만났다. 그 앞에 한참 서 있는데 뒤에서 알쏭한 이야기가 들린다. 거꾸로 보면 정물화라는 것이다. 고개를 갸우뚱거리다 낯선 그림이라 그냥 잊고 지냈는데 그 후 덕수궁미술관과 지면을 통해서 몇 번 더 접할 수 있었다.

주세페 아르침볼도(Giuseppe Arcimboldo)의 「채소 기르는 사람」이다. 16세기 이탈리아 궁중화가였던 그는 아주 새로운 방식으로 인물상을 그렸다. 제목에 걸맞게 얼굴이 주변의 흔한 채소들로 구성되었다.

눈은 깨트린 호두와 깐 마늘로, 코는 길쭉한 무로, 입술은 두 개의 포개진 붉은 버섯으로 묘사하고 있다. 양파로 된 툭 튀어나온 볼은 저절로 웃음이 나온다. 머리카락과 턱수염은 무청과 열무로 표현하고 검정 모자도 쓰고 있다. 하지만 거꾸로 본 이 그림은, 얼굴 형상은 간데없고 검정 그릇에 채소가 담겨 있는 평범한 정물화에 지나지 않는다. 얼굴의 형태적 특징을 잘 포착한 채소들의 선택에서 작가의 유머 넘치는 기발함이 엿보인다. 사물에 대한 기존 개념을 벗어난 인물화다.

정물화는 다른 그림에 비해 단조롭고 밋밋한 감이 있지만 그의 그림은 특이하다. 보편성을 뛰어넘는다. 꽃이나 과일, 채소, 나무, 물고기 등 온갖 정물들이 어우러지면서 재밌고 기괴한 인물의 초상을 창조해 동시대 다른 화가들과 구별되는 독특한 그림을 선보인다. 익살스런 장난 같기도 한 그림 속에는 한 예술가의 기발한 상상력과 파격적인 표현력이 잠재해 있다.

그의 작품은 오랫동안 관심을 끌지 못하다가 20세기 들어 피카소, 뒤샹, 달리 등 초현실주의 화가들의 주목을 받으며 비로소 높은 평가를 받기 시작했다. 겉으로 드러난 사물에 안주하기보다는 거듭된 관찰과 집념으로 내면의 의미를 밝혀냈다. 사물의 조합, 콜라주 기법을 이용해 정물화와 인물화를 넘나드는 이중성을 의도한 것이다. 문학도 이런 범주 안에서 문장 하나하나를 엮어나가는 작업이 아니겠는가.

세상이란 정해진 규칙대로만 바라본다면 더 이상 발전은 어렵다. 아르침볼도는 자연의 생산물을 사람의 형상으로 환치(換置)하여 상상했던 것이다. 하지만 실제로 캔버스에 그런 생각을 담는 것은 위험하기 그지없었다. 400여 년 전 전통 사회에서의 시도는 목숨을 담보로 한 도

박일 수도 있었다. 더구나 궁중에서 왕의 초상을 그리지 않았나.

창작은 두려움이 수반된다. 두려움은 인간을 심리적으로 위축시켜 현재의 상태를 극복하려는 의지보다 유지하려고 한다. 예술도 마찬가지다. 하지만 두려움 없이 탁월한 작품은 창작되지 않는다. 두려움이란 예술 하는 과정의 일부분이며 예술가의 전제 조건이다. 두려움이 있을 때 참신한 아이디어가 창출되고 하고자 하는 일도 꿈꿀 수 있다. 두려움은 도전이고 모험이다. 안전한 모험은 이미 모험이 아니다. 실패를 경험하지 않고는 예술가가 되기 어렵다. 고정적 사고를 탈피하려면 타인의 비판 정도는 두려워하지 말 일이다. 두려움을 뛰어넘을 때 비로소 불후의 명작은 탄생된다. 글쓰기 역시 고독과 고뇌를 넘나드는 세월의 예술이요, 두려움을 떨치고 비상하는 행위이다.

아르침볼도의 파격적인 작품이 그 시대 사람들에게 던진 충격파는 대단했다. 그의 희한한 그림을 보고 사람들은 그가 제정신이 아니라고 했다. 그러나 당시 이런 기벽(奇癖)을 추구한 사람은 그만이 아니었다. 그보다 앞서 밀라노 궁정에서 활약하던 레오나르도 다빈치도 기형적인 인체와 동물을 찾아다니며 화폭에 담았다. 관념의 장애를 받지 않는, 비현실적인 낯선 예술적 발상이었다.

'낯설게 하기'는 러시아 형식주의자들이 처음으로 사용한 용어이다. 문학적 장치에 한정적으로 사용하기보다는 예술 전반의 기법과 관련된 용어로 보는 편이 더 타당하다. 일상화된 우리의 지각은 자동적이고 습관화된 형식 속에 갇혀 있기 마련이다. 애초의 신선함을 잃은 상태이며 일탈된 예술 세계와는 본질적으로 다를 수밖에 없다. 즉 지각의 자동화 속에서 영위되는 우리의 일상적 삶과 사물은 본래의 의미를 상실한 채 퇴색되어간다. 예술은 바로 이런 일상적 인식의 틀을 깨고 낯설게 하여 사물의 본래 모습을 찾아주는 데 그 목적이 있다. 낯설게 하기란 이런 관점에서 오히려 형식을 난해하게 하고 지각에 소요되는 시간을 연장시킴으로써 한 대상이 예술적임을 의식적으로 경험하게 하는 것이다. 아르침볼도는 대상을 단순히 새롭고 낯선 방식으로 구성하는 데 그치지 않고 작품에 치열한 비판의식을 담기도 한다.

그의 작품 「4계절」에서는 계절에 걸맞은 각종 식물들로 특유의 '조합 두상'이 창조된다. '봄'은 온갖 꽃들과 초록 잎으로 풋풋한 청년을 표현하고, '여름'은 과일과 밀, 호박, 가지, 옥수수 등으로 장년을, '가을'은 포도, 밤송이, 사과와 수수로 중늙은이를, '겨울'은 고목의 모습에 머리는 덩굴식물로 영락없이 노인이다. 이는 사람의 일생과 생의 의미를 은유적으로 나타낸 것이다. 그러나 유럽의 30년 종교전쟁 때 그의 작품들은 약탈당하고 문화의 변방으로 흩어져버린다. 그 후 그는 300여 년 동안 망각의 심연에 빠지고 만다.

아르침볼도는 가시적인 세계를 해체해서 또 다른 문화적 맥락으로 새롭게 조합한 최초의 근대 화가였다. 그의 작품은 하나의 공간에 이질적인 사물들을 배치하므로 착시에 의한 낯선 이미지를 창출했으며, 그는 유머와 역설을 통해 지적인 게임을 하듯이 작업을 풀어나갔다. 이처럼 참신한 그의 아이디어는 기존의 가치나 질서를 철저히 부정하는 다다이

즘(Dadaism)과 초현실주의자들에게 영감을 주었다. 그리고 퓨전이 대세인 오늘의 예술가들도 여전히 그를 벤치마킹하고 있는 중이다.

낯설게 쓴 내 글이 벤치마킹될 날을 꿈꾸며 한 화가의 작품 속에서 비로소 빠져나올 수 있었다. (2014. 2)

『운현수필』 끝나지 않은 여정이다

-『운현수필』을 회고하며

설레고 기쁘다. 『운현수필』 제20집이 발간된다.

창간호부터 19집까지 가지런히 꽂혀 있는 책장을 보고 있으면 유년기를 지난 청소년이 성인으로 접어든 것처럼 가슴이 벅차오른다. 거기에 20집이 함께 꽂힌다면 마음은 하늘을 날 것 같으리라. 한편 책임감과 의무가 커진다는 것도 실감한다.

1993년 이른 봄날, 운현궁 뜰에서 우리는 서로 얼싸안았다. 환호성을 터뜨렸다. 덩실덩실 춤이라도 추고 싶었다. 동인회가 결성되고 5년이 지난 후, 우여곡절을 겪었지만 회원들의 합심과 열정으로 창간호를 탄생시켰다.

한국현대문학의 태동도 동인지에서부터 시작되었다. 1919년 김동인, 주요한 등이 창간한 최초의 종합문예 동인지인 『창조(創造)』를 효시로 『폐허(廢墟)』와 『백조(白潮)』 등이 근대문학의 주춧돌과 같은 구실을 담당하였다. 하지만 『창조』는 2년 뒤 통권 제9호로 종간되고, 종합지였던 『폐허』는 2호로, 순수 문예지인 『백조』는 3호에 그치고 말았다. 일제 강점기의 탄압으로 강제 폐간당한 것이다.

꿈을 마음껏 펼칠 수 있는 우리는 참으로 선택된 사람들이다. 더구나 도심 한복판, 고종황제가 가례를 올린, 역사 깊은 운현궁에서 꿈의 결실을 거둘 수 있다는 건 더없는 감동이요, 행복이다. 1988년 5월에 창립한 '운현수필동인회'가 지금까지 면면히 이어올 수 있는 것도 선인 문인들의 얼이 살아 숨쉬고 있기 때문일 것이다.

『운현수필』 20집은 동인들의 수고와 노력의 결과물이다. 합평을 통해 보태고 빼고 수정하면서, 웃고 떠들고 고뇌한 시간의 결실이다. 용기와 의욕을 북돋으며 관심과 배려를 주저하지 않았던 세월의 축적이다. 그동안 기쁘고 즐겁고 손뼉 칠 일만 있었겠나. 때론 마음 아프고 섭섭하게, 때론 보듬으며 칭찬도 아끼지 않았었다. 한 발짝 한 발짝 다져진 상처의 영광인 것을. 최근엔 평생교육원의 배려로 쾌적한 교실에서 합평을 할 수 있지만, 초창기엔 문우들의 각 가정을 돌아가며 한 적도 있었다. 문학기행을 할 때도 합평할 작품은 빼놓을 수 없었다.

'운현수필동인회'는 운현궁 옛터, 덕성여대 부설 평생교육원에서 그간 「창작수필」 과정을 거친 일부 뜻 있는 회원들의 자발적인 친목의 모임이다. 6개월마다 들고 나는 무쌍한 변화 속에서도 5, 6년간을 줄곧 외곬으로 모임을 끌어온 열성적인 동인들에 의해 문집 「제1집」이 간행된다. 참으로 놀랍고 경하스러운 일이 아닐 수 없다. 오랜 세월 녹슬고

무디어진 감성들을 새삼스레 닦아내고, 다시 살려내는 고통스러웠던 작업의 성과이기도 하다. 그럼에도 나는 지금 안톤 체호프1)에게 탐탁찮은 작품의 발표를 자중하도록 충고하는 그리고로비치2)의 경우를 떠올리게 된다. (-김승우의 「발문」 중에서)

김승우 교수는 덕성평생교육원에서 「창작수필」 강좌를 최초로 개설하여 강의한 분이었다. 제1집을 상재하려고 할 때, 아직은 때가 아니라고 몹시 반대했던 교수는 결국 안톤 체호프를 떠올리고 만다. 의사인 체호프는 대중잡지의 유머소설로 작가가 됐다. 그런 어느 날 체호프는 원로작가 그리고로비치에게서 '그대의 소설은 재미는 있지만 그저 재미만을 추구한 작품들이 눈에 띄니 재능을 낭비하지 말라'는 충고를 받는다. 그 후 체호프는 본격적인 문학을 지향하여 가장 앞선 단편소설 작가가 된다. 김 교수는 세기적인 작가 체호프가 되게 한 그리고로비치의 입장이 되지도 못하고, 맹·농·아(盲聾啞)의 헬렌 켈러를 해방시킨 설리번의 헌신적인 노력을 기울이지도 못한 자기 자신에 대한 연민의 정 때문에 선뜻 격려해줄 수가 없었다는 것이다.

김 교수는 수강생들의 글이 자신의 기대치에 미치지 못하는 것을 몹시 안타까워했다. 산사(山寺)에 들어가 두어 달 합숙하면서 집중적으로

---

1) 안톤 체호프(1860~1904) : 근대 단편소설의 거장이자 19세기말 러시아 사실주의를 대표하는 작가다. 작품으론 「갈매기」, 「세 자매」 등이 있다.

2) 그리고로비치(1822~1899) : 러시아 최초의 농민소설을 쓴 작가로 투르게네프, 고골 등에게 큰 영향을 미쳤다. 그뿐 아니라 학교 후배인 도스토옙스키를 문단에 데뷔시키고 체호프를 발견함으로써 러시아 문학사에 지대한 공헌을 했다.

글쓰기 훈련을 시킬 수 있었으면, 한 적도 있었다. 여러분 나이에 『부활』이나 『죄와 벌』, 『파우스트』 등 세계명작을 읽는 것도 어려운 일이고, 오직 글쓰기의 지름길은 고전으로 남을 수필을 배워서 익히는 것이라고 역설했다. 아울러 백 작품을 한 번씩 읽는 것보다 한 작품을 백 번 읽는 게 더 효과적이라는 말도 종종 했다.

해마다 5월이면 피천득의 「오월」을 암송하고 한 문장 한 문장 심층 분석한 노 교수의 열강을 들었다. "머문 듯 가는 것이 세월인 것을." 작품 속의 이 문장이 중심 성구(成句)란다. 지난해엔 "내 나이를 세어 무엇 하리. 나는 지금 오월 속에 있다"가 핵심 글귀라고 하더니. 새로운 광맥이라도 발견한 광부처럼 스스로 당신 강의에 심취해 기뻐하시던 그 모습. 성구의 뜻도 모르면서 홍조 띤 교수의 얼굴만 바라보며 덩달아 그 작품 속으로 빠져 들었었다. 진부하고 유치하기 그지없는 이야기지만 교수도 수강생도 그땐 그랬다.

찰스 램의 「꿈속의 아이들」, 「굴뚝 청소부 예찬」 등과 윤오영의 「달밤」, 「방망이 깎던 노인」, 「엽차와 인생과 수필」도 단골 메뉴였다. 오늘 『운현수필』 제20집을 발간하게 된 것도 이런 학습과 수련을 거쳤기에 가능한 일이 아니겠는가. 이제 고인이 되신 그분의 영혼도 우리들의 발자취를 축복해주리라.

수필은 인간의 내면세계를 자신만의 감성으로 그려내는 한 폭의 수채화다. 지성과 철학을 바탕으로 추상적 개념을 그림 그리듯 감각적 이미지로 형상화시키는 작업이다. 자연과 삶을 관조하고, 뛰어난 문장 구사와 적절한 비유, 섬세한 감수성과 풍부한 언어들이 독자의 가슴속에 빛살처럼 꽂혀갈 때, 비로소 한 편의 수필은 어떤 위대한 힘 이상으로 독자를 감동시킬 수 있다. 적어도 작가가 되려면 오랜 집중과 반복되는 훈련을 거쳐야 한다. 추사체(秋史體)는 10개의 벼루 밑이 뚫리고 1천 자루의 붓이 닳고 닳아서 이루어진 '예술혼의 경지'라고 하지 않는가.

문학의 생명은 독자의 감동에서 나온다. 수필도 문학의 한 장르다. 독자는 문학적 수필을 읽으며 작품 속의 주인공이 된 자신을 발견하게 되고 작가의 체험적 사실에 공감할 수 있다. 하지만 수필의 문학성은 뛰어난 작가적 상상력이 발현될 때 문학적 성공을 거두게 된다. 특히 체험 수필일 경우 독자는 작가와 온전히 하나 되는 상상 가운데서 작품 속으로 빠져들고 감동을 받는 것이므로, 수필문학의 상상력은 허구적 소설보다 훨씬 차원 높은 것이어야 한다.

삶은 지금 여기다. 최선만이 존재의 의미다. 살아간다는 것은 자기 혁신이고 거친 호흡이며 바람처럼 불완전한 변이(變異)다. 문학에서 현실의 안주는 허용할 수 없다. 『운현수필』 20집은 30집, 40집 부단히 이어져 갈 노정 중 한 과정일 뿐이다. 문우들의 애환과 염원이 유로(流露)되어 『운현수필』 품에서 글로 승화될 때 우리의 마음과 삶도 한 차원 더 풍요로울 수 있을 것이다.

『운현수필』 동인지가 끝나지 않은 영원한 꿈으로 사랑으로 그리움으로 이어지고 아울러 한국 수필의 한 축이 될 수 있기를 바란다.

(2015. 6)

6부

첩첩으로 다함없는

사색과 실존이 공존하는 이 가을,
아침 햇살이 영원한 희망의 상징인
해와 별을 안겨주었다면
그 빛은 무한한 시공간 속에서
다함없는 인연으로 내가 존재함을 일깨운다.
이 모두가 햇빛의 연출이 아닌가.
빛의 성질이라고 해야 하나,
빛의 조화요, 경이요, 신비라고 해야 하나.

두 마음

큰손자가 캐리어를 끌고 거실로 나온다. 손가방 크기의 낯선 물건을 방 가운데 그대로 놔둔 채 말이다. 저것은 무엇인데, 왜 두고 가느냐고 했더니 동생 줄 선물이란다. 처음 듣는 말이라 나도 모르게 불쑥 튀어나온다.

"선물! 무슨 선물?"

예뻐서 사온 인형이란다. 중학생, 그것도 남자 놈한테 무슨 인형이람.

방학 때마다 손자는 해외여행을 다녀왔다. 서유럽을 비롯하여 동유럽, 인도 등. 이번엔 남아메리카 배낭여행이다. 떠나기 전, 가족 모임에서 고모부들은 남미는 치안상태가 불안해 각별히 조심해야 한다고 했다. 그렇다면 차라리 북미를 다녀오는 게 어떻겠냐는 의견도 나왔다. 앞으로 북미는 다녀올 기회가 있을 것 같다면서 손자는 남미를 고집했다. 관광객들이 많이 찾는 곳으로만 다녀오겠다며 그에 친구와 둘이 떠났다.

여행 전날에도 손자는 집에 와 있으면서 깨알 같은 글씨로 쓴 목록을 들여다보며 빠진 약품과 소지품을 챙겼다. 서울의 한겨울에서 지구의 반대편 한여름으로 떠나는 여정이니 옷만 해도 그 부피가 이만저만이 아니었다. 제발 건강한 몸으로 돌아오는 게 무엇보다 큰 선물이라고 누누이 읊고, 그날그날 보고 느낀 생각은 반드시 메모해 두는 게 좋겠다고 일렀다. 너희 아빠는 네 나이 때 고작 제주도밖에 다녀오지 못했는데 너는 벌써 20여 개 국의 해외 관광을 누린다며, 자신의 존재를 재발견하는 기회가 될 수 있기를 바란다고 했다. 음식 값은 아끼지 말되 짐 될 물건은 사지 말라고 신신당부했다.

손자가 드디어 40일의 여정을 마치고 돌아온 것이다. 커다란 배낭을 메고 양쪽 손에 가방을 든 채 한밤중에 도착했다. 검게 탄 얼굴에 건강미가 넘쳤다. 시차에도 무리가 없는지 다음날도 일찍 일어났다. 비행기에서 실컷 잤단다. 그 건강이 더없이 부러웠다. 넓은 방 안에 풀어놓은 짐은 발 디딜 틈조차 없었다. 물건 하나하나에 시간 흔적이 올올이 박혀 있었다. 한나절이 지나자 손자는 방 안을 대충 정리해 놓고 학교 기숙사로 갈 준비를 했다. 계절학기 때문에 하룻밤밖에 쉴 수 없단다. 방학하자마자 자유인이 되었으니 왜 공부가 밀리지 않았겠나. 캐리어를 끌고 현관문을 나선다.

오래전 초등학교 오가는 길에는 큰 웅덩이가 있었다. 하굣길 그 웅덩이는 우리들의 놀이터였다. 잔잔한 수면에 파란 하늘이 가득하고 뭉게구름이 모였다 흩어지며 물무당은 그 위에서 매암을 돌았지. 쌍쌍의 잠자리는 물수제비의 파문을 일으키고 또래들의 깔깔거리는 얼굴도 물속에서 일렁거렸다. 하지만 논농사를 위해 용두레로 그 물을 퍼 올릴 때면 그 밑바닥엔 새끼줄, 나무토막, 고무신짝 등 온갖 허접쓰레기가 뒤엉켜 있었다. 물은 너절한 잡동사니들을 끌어안은 채 말없이 우리들의 친구가 돼주었던 것이다.

'최고의 선은 물과 같다'는 상선약수(上善若水)의 삶을 내 어찌 감히 따를 수 있겠냐만, 그럴수록 가슴이 두방망이질이다. 호젓한 곳에서 누군가 떨어뜨린 물건을 발견하고 집을까 말까 망설일 때처럼 자꾸 주춤댄다. 녀석도 참! 아무도 모르게 선물 가방을 가지고 갈 일이지. 별것도 아닌 것 같은데. 무슨 대단한 일이라고. 한순간만 꾹 참으면 다 지난 일이 되고 말 것을. 그래도 내 마음 종잡을 수가 없다. 뒤숭숭하고 산란하다. 남편은 손자 물건에 절대로 손대지 말라고 엄포를 준다. 내 속셈을 알아차린 듯이. 그럼 저 많은 빨랫감도 그냥 둬야 하는 게 아닌가. 부지런히 세탁기를 돌리면서도 좀처럼 마음이 진정되지 않는다. 쿵쿵 뛰는 심장으로 드디어 일을 저지른다. 손은 사시나무 떨리듯 한다.

가방 안에는 라마(Rama) 모양의 동물 인형 외에 스웨터와 판초 그리고 게임하는 체스 등이 들어 있다. 이럴 수가! 해외여행을 떠날 때마다 할아버지는 꼬박꼬박 여행비를 챙겨주고, 할머니는 기숙사 생활한다고 주말에 오면 혼신을 다해 밥을 해주는데. 제 부모와 떨어져 있는 게 안쓰러워 있는 정성, 없는 정성 다 쏟고 있는데. 하다못해 비행기에서 초콜릿이라도 사와야지. 스웨터는 그만두고라도 그 흔하디흔한 양말짝이라도 들고 와야 하지 않았을까. 섭섭한 마음이 자꾸만 일렁인다. 괘씸한 놈. 우리 집에서 여장을 풀지 않았다면, 그렇더라도 모르게 처리했다면 이런 죄책감에 시달리지 않아도 될 것을. 선물을 산 손길보다 그의 행동이 몇 배 더 소외감을 느끼게 했다.

건강한 몸으로 돌아오는 게 더 바랄 것 없는 선물이라고 해 놓고 지금 와서 엉뚱한 소리를 하는 이 마음을 나도 모르겠다. 마음은 외딴섬저 언덕에서 한줌 바람에 흔들리는 여린 갈대라 했던가. 물과 같은 삶은 내게 영원히 찾아올 듯싶지 않은, 잠들지 못하는 이 밤, 교교한 달빛만 창가에 어리고 있다.

새해 새날 새아침, 이역만리에서 큰절을 올리는 손자의 동영상을 보면서 식구들은 모두 박수치며 기뻐하지 않았나.

명절 쇠러 온 며느리는 옆에서 혼잣말하듯 했다.

"사람에게 감동을 주는 건 반드시 큰일이 아닌데, 일상에서 그 작은 일을 잊고 살 때가 많아요. 저부터도…."

"야! 우리 며느리 철들었네."

"철은 우리 몸에 들어 있는 게 아닌가요?"

아들네, 딸네들 자그마치 열여덟 식구가 한자리에서, 큰손자의 세배를 스마트폰으로 보고 또 보면서 한바탕 웃고 웃었었지. (2015. 1)

첩첩으로 다함없는

청명한 아침, 시월의 햇살이 빗금으로 꽂힌다. 뒤 베란다 건너편, 촘촘히 들어선 아파트의 둥그스름한 창문에서 해와 별이 반짝인다. 별이 3개라면 해는 7개쯤 된다. 눈이 부시다. 창가에 서서 마냥 바라보고 있다. 시간이 흐르니 별의 개수가 더 많아진다. 우리 거실은 아직 어둠살이 가시지 않았는데 뒤편 아파트에선 빛 쇼가 벌어지고 있다.

한 10분쯤 지났을까, 중심에서 강렬하게 퍼지던 빛은 느낌표 모양이 된다. 잠시 후 다시 별과 태양으로 변하다가 아파트 옥상 공청 안테나에서 수백 와트의 백열등처럼 불을 밝힌다. 샛별처럼 황홀하다. 절정의 순간이다. 해의 고도에 따라 각가지 장면이 연출되고 있다. 마침내 별과 해는 가뭇없이 사라지고 노란 햇빛만 아파트로 쏟아진다. 빛의 경이가 아닌가. 병풍을

두른 듯 빽빽이 들어찬 건물 때문에 제법 높이 뜬 해도 우리 집에선 아직 보이지 않는데 근처 아파트 창문이 그 아쉬움을 달래준다. 그때쯤 우리 거실 벽에는 돗자리만 한 햇빛이 들어온다.

아침식탁에 마주 앉은 남편과 전날의 있었던 이야기를 풀어놓는다.

M교수를 만나기 위해 몇몇 문우들과 한 음식점의 엘리베이터를 탔다. 그 안이 '매직 박스'로 변한다. 출입구를 제외한 3면이 모두 거울이다. 나는 하나인데 수많은 내가 연이어 나타난다. 한 문우가 대뜸 중중무진연기(重重無盡緣起)라고 한다. 첩첩으로 다함없는 연기의 세계가 전개되고 있는 듯하다.

거울을 마주 세워 놓고 촛불을 켜 놓으면 중중무진의 촛불이 생겨 반사되는 것과 반사하는 것의 구분이 없어진다. 어느 것이 인(因)이고 어느 것이 과(果)인지. 삼라만상도 이렇듯 서로 무한한 관계를 맺고 얽히고설켜서 일체화되어 있잖은가. 한 알의 사과도 비, 바람, 햇빛, 양분, 농부의 땀 등 무수한 인연에 의해 존재하듯, 우주 만물도 서로 의존하고 서로 연관되고 서로 침투되어 있다. 사과라고 할 만한 것이 없고 단지 합성물에 불과하다는 사상이다. 이는 의상대사(義湘大師)가 화엄일승법계도(華嚴一乘法界圖)에서 설파한 것이다.

'진성(眞性)은 깊고 지극히 오묘하여 자성(自性)을 지키지 않고 인연 따라 이루며, 하나 중에 일체 있고 일체 중에 하나 있으니, 하나가 곧 일체요 일체가 곧 하나라네. 한 티끌 속에 세계를 머금으니 일체의 티

끝 속도 또한 그러하리.'

빛이 거울 면에서 반사한 것뿐인데 나와 똑같은 내가 끝없이 존재한다는 게 그냥 신기해 엘리베이터를 쉽사리 벗어날 수가 없었다. 하지만 의상의 초경험적 세계인 화엄사상은 깊고 넓고 오묘해 나로서는 도저히 가늠하기 어렵다. 천삼백여 년 전의 경전인데, 긴긴 세월이 무색할 뿐이다.

M교수는 수년 전 문화원에서 문예창작을 강의했었다. 당신은 항상 39세라며 앞으로 인간의 수명이 120세까지 연장될 수 있으니 늘 즐겁게 살아야 된다고 누누이 말씀했는데. 그만 사모님이 돌아가신 후 건강이 이만저만 쇠약해진 것이 아니다. 가정부가 상주한다고 해도 외롭고 적적하고 허전함이 오죽하랴. 그분의 아파트 부근 음식점에서 그때의 수강생들이 자리를 함께한 것이다.

단순한 논리를 어디까지 확대 해석하느냐는 남편에게 당신과 나, 우리도 억겁의 인연으로 맺어진 부부이니 둘이 아닌 하나가 아닐까. 하나 중에 일체 있고 일체 중에 하나 있듯이. 둘이라는 잘못된 생각으로 번뇌와 망상 속에서 허덕이고 있는 게 아니겠느냐고. 남편은 아침부터 무슨 궤변이냐는 표정이다.

"그분의 자녀는 몇이나 되는데?"

나도 모르게 큰소리가 나왔다.

"모두 박사, 박사야."

"그게 대답이 된다고 생각해?"

"아니, 아들이 하나고 딸이…."

"그분도 많이 외롭겠군."

남편은 내 말이 채 끝나기도 전 그 한마디를 남기고 자기 방으로 들어가 버린다. 사색과 실존이 공존하는 시월의 마지막 날, 아침 햇살이 영원한 희망의 상징인 해와 별을 안겨주었다면 그 빛은 무한한 시공간 속에서 다함없는 인연으로 내가 존재함을 일깨운다. 이 모두가 햇빛의 연출이 아닌가. 빛의 성질이라고 해야 하나, 빛의 조화요, 경이요, 신비라고 해야 하나.

M교수도 외롭겠다는 남편의 말에 그만 정신이 번쩍 들었다.

(2013. 10)

그 남자

막내딸이 로봇청소기를 사용하고 있다. 청소기를 작동시켜 놓고 외출에서 돌아오면 자연스레 "수고했어. 고마워" 말을 하게 되고 마치 제 분신처럼 생각될 때가 있다고 한다.

청소를 거듭할수록 집안 구조물을 기억하는 청소기는 장애물에 부딪치지 않고 더 효율적이다. 특히 한곳에 가둬 놓고 움직이게 하면 골고루 쓸고 닦는다는 것이다. 한낱 기기(機器)나 장난감이 아닌 서로 대화하고 감성적으로 공감할 수 있는 사이가 된다면. 실제로 인공지능의 발전은 로봇이나 컴퓨터를 친구 삼아 살아갈 날이 머지않았다는 걸 보여주고 있다.

사이버 공간을 유영하면서 청소기를 살피다가 물레방아가 돌고 있는 한 마을에서 잠시 쉬어간다. 떨어지는 물줄기는 도랑을 따라서 마침내 내를 만난다. 하얀 수건을 쓴 중년 여인이 대나무통에 이고 온 삶은 빨래를 펑펑 두들기며 헹구는 모습이 스친다. 오래전 친정어머니의 그 모습이다.

어머니는 가마솥에 양잿물을 넣고 찌든 빨래를 푹푹 삶곤 했다. 빨래하는 날이라야 들을 지나 마을 뒤편 맑은 물이 철철 흐르는 개울이나마 다녀올 수 있었다. 대가족이라 좀처럼 부엌에서 헤어나기 어려웠다.

부엌은 어머니의 일터요, 불을 지피고 잠시 잠깐 숨을 돌리던 안식처였다. 소박했지만 제법 넓었다. 옹솥, 밥솥, 가마솥이 시멘트 부뚜막에서 거울처럼 번들거렸다. 옹솥엔 주로 국을 끓이고 가마솥엔 물을 데워 썼다. 부엌 벽에 드린 선반에는 개다리소반과 나주반이 얹혀 있었고 살강에는 그릇들이 놓였다. 선반 밑에 반쯤 파묻은 커다란 질항아리는 물독이고 나무 뚜껑으로 덮어놨었다. 그 물독 옆에 반 평 정도의 나뭇광이 있었고 부엌 바닥은 어머니 종종걸음으로 닳고 닳아 반들반들했다. 엄마의 유방이 아기의 생명줄이듯 어머니 주방은 4대가 함께 살아온 종가의 산실이었다. 잦은 대소사나 시제를 앞둔 몇 날 며칠은 잠이 오지 않았다는 어머니. 12살 어린 신랑한테 시집온 그날부터 장장 60여 년간 어머니의 손길과 손맛이 절어 있었던 곳이다.

반세기가 지난 지금 나뭇광도 물독도 없는 나의 부엌. 찬물, 더운물이 원터치로 쏟아지고 연료는 또 어떤가. 연탄을 사용할 때, 기체 연료는 편리하지만 부엌에서 사용하기엔 많은 세월이 걸릴 거라고 학생들에게 말한 적도 있었는데, 이제는 그 편리함조차 잊고 산다. 그런가 하면 음식을 하는 중에도 누군가 찾아오면 버튼 하나로 화상통화까지 할 수 있잖은가.

어머니 세대와 비교할 때 지금보다 더 이상 편리함을 바란다면 죄될 것 같은데 어째서 부엌일은 점점 굼뜨고 힘들며 자꾸 미루게 되는지. 6개의 도시락을 싸며 주부습진을 달고 살았던 나는 과연 내 안에 있는지, 아니면 영영 나를 저버린 것인지.

영화 「그녀(Her)」에서처럼 '사만다'가 요리를 해줄 수는 없을까. 하루는 육류요리와 오색나물, 다음날은 생선요리와 된장국 등등. 이왕이면 사만다가 남자이면 좋겠다.

「그녀(Her)」는 독창적인 소재와 기발한 상상력으로 사랑의 본질을 심도 있게 연출한 영화다. 손 글씨로 남의 편지를 써주는, 작가인 남자 주인공은 아내와 별거 중이다. 그의 공허함을 달래주는 건 오직 '사만다'라는 인공지능이다. 최첨단 인공지능 운영체제(OS)를 사용하다가 그만 사만다와 사랑에 빠진다. 그녀는 메일을 정리해주고 스케줄을 알리고 대필 편지까지 책으로 엮어준다. 심지어 목소리만으로 절정에 이르게도 한다. 이렇게 두 사람은 연인들처럼 사랑을 키워나가지만, 그녀는 급속도로 진화하면서 수천 명의 사람과 동시에 대화하며 그중 수백 명과 사랑에 빠져 있다고 고백한다.

인간보다 더 인간다운 그녀, 사만다의 목소리를 들으면 누구라도 그녀와의 사랑에 빠져버릴 듯싶다. 컴퓨터가 이처럼 말을 걸어올 때 사람인지 아닌지 쉽게 구별할 수 없는 세상이 온다는 건 상상만 해도 섬뜩한 일이다. 그러나 누군가와 함께하며 일상을 공유할 수 있다면 인간과 인공지능, 실제와 가상, 존재와 비존재를 넘어서 그 자체만으로도 위로와 소통이 될 수 있다는 것을 이 영화는 보여주고 있다.

딸네 로봇청소기가 딸을 대신해 일하듯, 사만다 같은 인격을 가진 그 남자가 오직 나만을 사랑하고 소통하며 일을 해준다면. 그 옆에서 안한자적(安閑自適)의 여유를 즐기며 헤밍웨이의 마지막 소설 『노인과 바다』 같은 고전을 읽을 것이다.

하지만 현대기술이 발달할수록 인간은 고독해지고 있다. 기술의 진보는 우리의 커뮤니케이션을 점점 더 폐쇄적이고 가식적으로 만든다. 곁에 친구를 두고도 SNS라는 가상공간의 사람들과 교감하는 현실이 그렇다. 시간이 흐를수록 세상을 향한 고립된 외로움은 커져간다.

인공지능의 그 남자, 로봇이 일을 대신해 줄 때 내가 되레 그의 로봇이 되지 않을까 참으로 두렵다. (2014. 7)

시작도 끝도 없다

함께 걷는다. 문우 서너 명이. 어스레한 강남대로를
출렁거린다. 물결 이는 바다처럼 선남선녀들이
지그재그로 헤쳐 나간다. 메타세쿼이아처럼 쭉쭉 뻗은 빌딩 숲을

질투한다. 늘씬한 다리와 훤칠한 청바지들을
문턱이 닳는다. 한 집 건너 성형외과는
거역한다. 조물주의 자연미를
부럽다. 무섭다. 그 용기

황홀하다. 보석 상자를 쏟아 놓은 것 같다. 거리와 상점들이
명멸하는 불빛 속에 빙글빙글 돈다. 사람도 차량도 나도
모르겠다. 시작이 어디고 끝이 어딘지

그래도 못 잊고 찾아오겠지. 꽃 피는 새봄은

꽂힌다. 내 눈이. 교보문고 강남점에
나풀거린다. 꽃잎이 플래카드 위에서
"재밌다. 저거."
가락을 넣는다. S문우가
'별안간 꽃이 사고 싶다. 꽃을 안 사면 무엇을 산단 말인가.'
"무엇을…?"
"책을 사야겠지."
"그렇게도 살 게 없어?"
"시시해."
"그럼."
"맛있는 요리도 멋진 드레스도."
"아냐, 남자를 살 거야!"
하이파이브 짝짝짝. 강남대로가 떠나갈 듯 깔깔깔

내렸다. 처음 그 글을 보았을 때, 허둥지둥 버스에서
방망이질하듯 뛰었다. 심장이
이번이 세 번째다. 여전히 설렌다. 가슴이
결국 옮겼다. 서점으로 발길을
뒤적인다. 미셸 투르니에의 에세이집 『생각의 거울』을

속삭인다.
'자기 자신 안에 카오스를 품고 살아야 한다.
춤추는 별을 분만하기 위해서는' (-프리드리히 니체)
혼돈이오 수수께끼다. 사람의 깊은 내면은
캄캄하다. 때로는
환상적일 수 있다.
그렇기 때문에
창작은 잉태될 것이다.

그 혼돈 속에서
혼란스럽다. 선과 악의 경계가
허둥댄다. 갈등을 빚는 인간들
모험을 해야 하나. 인생을 송두리째 걸고

그래도 찾아올 것이다. 화창한 봄날은 (2011. 3)

가고 싶다, 미소 짓게 하는 그곳

"양구에 오시면 10년이 젊어집니다."

곳곳마다 나를 미소 짓게 한다.

고려 명종 때 김극기(金克己)는 이 고장을 '아름다운 수풀이 빽빽하고 대숲에 비친 해가 그윽한, 문득 신선이 사는 곳〔洞府〕인가 싶다'고 찬탄했단다. 한편 양구(楊口)라는 지명은 선조 25년(1592), 새로 부임한 감사가 어느 날 금강산에 이르는 '길목의 첫 고을'인 이곳을 지나다가 함춘(含春)땅의 아름드리 수양수림(垂楊樹林)을 보고 지었는데 오늘날까지 이어지고 있다는 것이다.

1986년 평화의 댐 건설 공사로 양구군과 화천군에 걸쳐 있는 호수, 파로호의 물을 빼기 시작했다. 중·후기 구석기 유적이 노출된 것으로 미뤄 이 양구는 무려 12만 년 전부터 인류가 터전을 잡고 살았던 곳이다. 그뿐인가. 6·25전쟁 당시 '펀치볼(Punch Bowl)'로 이름 붙여진 해안분지(亥安盆地)에서도 구석기와 청동기시대 유물들이 쏟아져 나왔다.

을지전망대에서 바라본 해안분지는 그야말로 피안(彼岸)의 세계, 아니 무릉도원으로 일컬어질 만하다. 산등성이로 빙 둘러싸인 움푹한, 햇살이 내리꽂히는 천혜의 독특한 지형이다. 절정을 이룬 단풍으로 알록달록 그림 같은 마을이 발아래 펼쳐진다. 안개가 피어오르면 신선이 잠시 머물다 갈 듯싶은 신비한 곳이다. 전쟁 당시 외국 종군기자가 화채를 담은 커다란 볼을 연상하며 고향을 그리워했다는 말이 실감날 정도다.

인류 문명의 발상지는 대부분 큰 강 유역이다. 북한강을 거슬러 올라오거나 동해안을 따라 내려온 선사시대 사람들은 이곳 양구를, 더러는 해안분지를 찾아 모여들었을 것이다. 습한 분지엔 뱀이 많았단다. 이를 본 어느 스님이 집집마다 돼지를 키우라고 권하면서 차차 뱀이 사라졌다고 한다. 이후 편안히 살게 된 주민들은 이곳을 돼지 해(亥)와 편안할 안(安) 자를 써서 해안분지(亥安盆地)라 불렀다는 것이다.

그러나 양구는 살기 어려운 땅, 심지어 비극의 땅으로 변했다. 제2차 세계대전의 전후 처리 과정에서 한반도는 북위 38도선을 경계로 남과 북으로 분할되었다. 1945년 해방 이후 남북이 갈리자 양구는 적 치하로 바뀌었고, 6·25전쟁으로 이 땅은 도솔산 전투와 소위 피의 능선, 단장(斷腸)의 능선으로 회자되던 갖가지 전투로 전쟁터가 되고 말았다.

'인제 가면 언제 오나 원통해서 못 살겠네'라는 말이 있었다. 하지만 인제·원통 병사들도 양구로 배치된 병사들을 위안 삼아 군대생활을 했다고 하잖나. 인제, 서화를 통해 그리고 춘천을 지나 뱀처럼 굽은 길로 들어서야 하는 양구 최전방은 그만큼 멀고 험난했던 것이다. 게다가 양구가 더욱 살기 어려운 곳으로 변한 것은 화천댐·소양강댐 때문이었다. 화천댐으로 북면이 사라졌고, 1973년 준공된 소양강댐으로 그나마 남아 있던 평야지대가 대부분 수몰되었다. 특히 춘천~양구를 잇는 46번 국도는 소양강댐 건설로 인한 침수로 구절양장(九折羊腸)길을 돌아가야 할 만큼 어려웠다. 가뜩이나 왕래하기 힘든 길이었는데. 그로 인해 급격히 인구가 줄었었다고 한다.

30여 년 전 양구 근처에 볼일이 있었다. 서울에서 좀 늦게 출발했다. 일을 마치고 숙소를 정하려고 기웃거렸지만 도저히 구할 수가 없었다. 주말엔 군인들 가족 때문에 빈방 구하기가 무척이나 어려웠다. 참으로 난감했다. 집집마다 기웃거리며 사정을 했다. 늙수그레한 주인이 허드레로 쓰는 골방이 있으니 그곳에서라도 하룻밤 쉬다 가라고. 그 친절에 감지덕지했지만 시월의 가을밤이 어찌나 추웠던지 지금도 남편과 한 세대가 지난 이야기를 나누며 웃는다.

양구는 참으로 오지였다. 그러나 이제 양구는 군사 도시이자 두멧구석의 이미지를 벗어나고 있다. 2002년 인공위성을 통한 정밀 측정으로 양구군 남면 도촌리가 대한민국의 정중앙임을 밝혀냈다. 군 각개전투장이었던 정중앙 점은 단숨에 양구의 상징이 되었다. 그야말로 '한반도의 오지'에서 '한반도의 정중앙'으로 탈바꿈한 것이다.

국토의 정중앙인 양구. 악명 높은 46번 국도도 이제 춘천~화천 간을 잇는 배후령터널이 뚫리고, 수도권과 동해안을 단축하는 한반도 최북단 '동서고속도로'의 개통으로 서울~양구는 1시간 40분 거리다. 극심한 차멀미에 시달리며 양구의 군부대로 아들을 면회 올 때, 부모님들은 하염없이 울었다고 한다. 그 기억이 아련한 추억의 한 자락으로 남게 되었다.

양구의 특산물은 방산 고령토로 만든 자기(磁器)와 잣, 인삼 등이었지만 지금은 유명 브랜드가 된 시래기, 맛과 향기의 곰취, 일교차 덕분으로 당도 높은 사과가 더해진다. 최전방지역인 해안분지의 사과가 고랭지 채소의 대체작물로 각광받고 있다. 민통선 내 비경의 두타연은 국내 최대의 열목어 서식지이다. 대암산 정상 부근엔 천연기념물 용늪이 있고 군립 박수근 미술관도 있다.

가는 곳마다 "청춘 양구, 양구에 오시면 10년이 젊어집니다"라는 브랜드가 눈에 띈다. 제4땅굴, 통일관, DMZ, 두타연 계곡의 지뢰지대 등 쉼표 찍으며 둘러보지만 내겐 여전히 물음표로 남는다. 「우리의 소원은 통일」, 이 노래가 필요 없는 그날이 과연 언제쯤 올 수 있을까.

그래도 양구의 땅·물·숲·공기로 5년쯤은 젊어진 마음이다. (2017. 10)

폼페이 여행

시간이 정지된 고대 로마제국의 도시로 떠난 여행이다. 신들과 인간, 번영과 풍요, 사치와 쾌락이 공존하던 폼페이는 베수비우스 화산 폭발로 한순간에 역사 속으로 사라진 도시다. 국립중앙박물관에서 그 비극의 순간들이 특별 전시 중이다. 대저택의 벽화와 조각품, 화려한 장신구, 각종 생활 도구의 유물들을 만날 수 있다. 도시 곳곳엔 기도의 대상이 되었던 신들이 가득했다고 한다. 화산 폭발 이전 폼페이의 문화와 풍습, 그리고 최후의 현장을 생생이 전해주고 있다.

당시 로마제국의 귀족 및 시민들의 여름 철 휴양 도시였던 폼페이는 2만여 명의 인구가 화산재에 생매장되었다. 1700여년 동안 땅속에 묻혀 있던 이 폼페이 유적은 우물 파던 농부에 의해 대리석 조각이 발견됨으로써 세상에 알려졌으며 1748년부터 발굴이 시작돼 현재까지 계속되고 있다. 약 2천 년 전 사람들의 일상을 짐작할 수 있는 증거들이, 무궁무진한 폼페이 유적의 매력은 고고학자들뿐만 아니라 전 세계인들에게 깊은 인상을 남기기에 충분하다. 오늘날 이 유적은 파괴된 것이 아니라, 서기 79년 8월 24일이라는 시간에 멈춰버린 커다란 타임캡슐인 셈이다.

누구도 되돌릴 수 없는 것이 시간이다. 그렇다고 가볼 수도 없다. 불가역이다. 이 절대적 진리 앞에서 인간은 평등하다. 존재의 숙명이다. 이 불가역의 장벽에 바람구멍 같은 숨통을 틔어주는 것이 과거로의 여행이다. 고대인들의 유물과 생활흔적을 통해서다. 절대로 갈 수 없는 곳에 대한 동경은 자연스레 로맨티시즘과 연결된다.

귀족이나 부유층이 살던 대저택에는 화려한 벽화와 조각품들이 가득했다. 특히 '황금팔찌의 집'에 있었던 '정원이 그려진 벽화'는 방의 벽면 한쪽을 정원 모습 그대로 그려놓은 것이다. 프레스코 화법의 대형 작품으로 푸른 정원에는 새들과 분수, 사람들 얼굴이 조각된 기둥 등이 함께 그려져 있다. 현재 우리가 살고 있는 아파트 정원을 그대로 옮겨놓은 것 같은 착각을 불러일으킨다. 아니, 더 아름답다고 해도 과언이 아니다. 멋진 조각품 옆에서 한가로이 노니는 비둘기와 분주히 날아다니는 까치, 직박구리 같은 새들의 모습이 시공을 넘나든다. 가막살나무, 협죽도, 장미 등 싱싱한 관목들도 지금 모습의 풍경화다. 상상에만 머물러 있던 고대의 회화세계를 눈앞에서 보여준다. 사실적 사물로 그려진 이 벽화는 자연 묘사에 관심을 보인 풍경화의 초기단계를 보여준 것이란다.

원형경기장과 대공연장 등도 생생하게 남아 있다. 그리고 에로티시즘을 주제로 한 이야기는 전시장 한쪽 방에 은밀하게 꾸며져 있다. 노골적으로 성적인 표현들이 공공장소나 일반가정에서 벽화와 조각품으로 공개되어 있었다. 도시 전체가 향락에 빠져 있었다고 느끼기에 충분할 만큼 에로틱한 벽화와 조각품들이 실로 외설적이다. 극대화시킨 남근이라든가 적나라한 섹스장면을 묘사한 벽화와 성기를 상징한 일상용품 등은 무척 쾌락주의적이고 퇴폐적인 문화를 짐작할 수 있었다.

폼페이 최후의 순간을 영상으로 보여주기도 한다. 날짐승들은 화산폭발의 징후를 인간보다 먼저 알고 있었을까. 온통 새들이 같은 방향으로 날아간다. 몹시 긴장되는 순간이다. 그 다음 지붕의 기와가 흔들리기 시작하고 순차적으로 도시 전체가 시뻘건 용암 속으로 빨려 들어가 버린다. 그때의 참혹함을 보여주는 다양한 캐스트들이 전시되고 있다. 캐스트는 화산재 속에 묻힌 사람이나 동물로 인해 생긴 빈 공간에 석고를 부어 그 형태를 본뜬 것이다. 쭈그린 채 손으로 입과 코를 막고 있는 남자의 캐스트와 밀려드는 화산재를 막기 위해 엎드린 채 옷으로 얼굴을 가린 여자의 모습, 온몸이 뒤틀리며 죽어간 경비견의 조각품 등은 '죽음의 순간'을 적나라하게 담아내고 있다.

당시 로마인들의 문화생활 모습을 엿볼 수 있는 대공연장. 지금의 오페라하우스쯤이 아니었을까. 한 귀퉁이에 앉아 텅 비어 있는 무대를 마냥 내려다보고 싶은 충동에 빠진다. 거기엔 온갖 삶의 애환과 갖가지 신화와 전설이 끊어질 듯 이어질 것이다. 웅장하고 화려하고 미적인 기둥이며 섬세한 조각 작품은 제국의 번영과 풍요 그리고 사치가 숨쉬고 있다.

항구도시이며 휴양도시였던 폼페이. 한순간 역사 속으로 사라졌다. 화산 폭발이라는 불가항력의 자연재해다. 홍수, 태풍, 쓰나미, 토네이도 따위의 천재지변은 또 어떤가. 한편 전쟁이나 핵폭탄이 시시때때로 우리를 위협해도 용서·배려·양보·사랑으로 제어할 수는 도저히 없는 것인가. 인간의 통제능력을 벗어난, 알 수 없는 자연의 힘은 무엇인가. 유보할 수도 방어할 수도 예측할 수도 없는 신의 영역인가.

자연 앞에서 한없이 미미한 인간의 존재, 나를 다시 한 번 돌아보게 한 국립중앙박물관의 폼페이 여행이다. (2015. 1)

들에서 맞은 봄 시장에서

경칩이다. 그래도 꽃샘바람이 때때로 태풍처럼 몰아치면 아직 봄이 아닌가 싶다. 계절을 맞이하는 건 역시 겨울잠에서 깨어난 동물들이다. 텔레비전에서는 어느새 꼬리를 살래살래 흔드는 올챙이와 기다란 알주머니에 점점이 박힌 도롱뇽 알들을 보여준다. 날씨에 둔감한 내게 영상으로 경칩을 알린다.

햇볕을 찾아 나선다. 따스한 햇살을 등에 지고 뜰을 살핀다. 냉이와 쑥이 묵은 잎 속에서 새순을 내밀고 있다. 식물도 나보다 먼저 봄을 맞는다. 숨죽이고 있던 것들이 아우성이다. 뜰을 걸으며 이곳저곳 가랑잎을 들춰보니 마음은 벌써 봄의 벌판으로 달려간다.

딱 이맘때다.

순이, 분이와 함께 안골, 뒷골, 샘터 등 양지바른 곳을 누비고 다녔다. 호미와 바구니를 옆에 끼고 봄나물을 찾아 헤맸다. 쑥만 한 소쿠리 뜯어올 때도 있었다. 툇마루에 던져 놓으면 증조할머니는 정갈하게 다듬고 엄마는 정성껏 쑥국으로, 쑥버무리로 상에 올렸다. 땅이 얼었다 녹았다하니 신발은 흙투성이요, 봄바람에 손은 터져 피가 나도 들판만 나가면 바람 부는 것도 추운 것도 잊은 채 나물을 찾아 신나게 뛰어다녔다. 아마도 친구들을 만나 재잘대는 게 더 좋았을지 모른다. 그러면서 뒤질세라 억척을 떨었지만 내 바구니는 늘 친구들보다 가벼웠다. 친구들은 어디에 냉이가 많이 나고 달래가 소복하게 올라오며 쑥이 쑥쑥 자라고 있는지 훤히 꿰뚫고 있었다.

나물이 지천이던 드넓은 논과 밭, 올챙이와 도롱뇽이 제 세상인 듯 바글대던 도랑과 실개천…. 그 벌판 모두가 신도시 개발에 묻혀버린지 오래다. 잊혀가는 것은 그리움이라 하던가. 천천히 발길을 시장으로 돌린다.

김광숙의 수필 「봄 시장에서」는 아침 시장의 정경이 그림처럼 그려진다. 제수를 사러 온 상복의 여인들을 반갑게 맞이하는 상점 주인을 보며 친정아버님의 초종(初終) 때를 생각한다. 상제와 상인들을 아울러 배려한 선인들의 지혜에 감탄하고 식구들의 입맛을 돌려주기 위해 메뉴를 수정한다. 사랑이 듬뿍 담긴 무거운 장바구니는 주부의 살뜰한 모습이며 한편 벗어날 수 없는 멍에가 아닌가.

시장은 작가가 그랬듯이 시끌벅적한 소리로 넘쳐난다. 딸기 세일을 한다며 이제 몇 박스 남지 않았다고 목청껏 소리치는가 하면 한쪽에선 봄나물을 대량 준비했으니 날래날래 사가시라고 외친다. 싱싱한 유채 옆에 하얀 뿌리 냉이가 있는가 하면 너풀너풀한 쑥이 걸음을 멈추게 한다. 봄 냄새가 물씬 나는 채소들이다. 진즉부터 그 나물들이 거기 있었는데도 허둥지둥 쫓기는 생활에서 보이지 않았던 모양이다.

작가의 글은 시장을 찾을 때마다 머릿속에서 되뇌어지며 공감하게 된다. '더러 삶이 권태로울 때나, 공연히 짜증이 묻어날 때, 더구나 삶의 무게가 어깨를 짓누를 때는 시장을 한 바퀴 돌아볼 일이다. 거기엔 삶의 활력과 탄력이 있고, 힘찬 목소리가 있다. 거침없이 내뱉는 악의 없는 육담(肉談)과 그것을 덮어주기라도 하려는 듯 터뜨리는 함박웃음, 거친 듯하면서도 인정이 있고, 야박한 듯하면서도 넉넉함이 어우러져 시장은 언제나 활기가 넘친다.'

종종 나도 그랬다. 컴퓨터 앞에 종일 앉아 있어도 생각이 막힐 땐 주섬주섬 시장바구니를 들고 집을 나선다. 시장은 삶의 현장이다. 뭇사람들이 오가고 값을 흥정하는 곳에 왜 우리네 인생살이의 애환이, 설렘이, 긴장감이 움트지 않겠는가. 그 가운데서 보고 듣고 상품을 구경하고 고르다보면 쌓였던 고민도 슬그머니 사라져버린다. 할인 판매가 있는 날, 물건이라도 싸게 구입하면 무슨 횡재라도 한 양 기쁘다. 그렇게 시장을 오가며 봄이 왔고 겨울이 갔다.

지하철역을 나와 건널목을 건너면 양옆이 시장이다. 그 끄트머리 외딴 곳에 트럭을 세워 놓고 과일을 파는 아저씨가 있다. 인연을 맺은 지도 한 20년쯤 된다. 그는 교직에 몸담고 있다가 폐결핵으로 오랫동안 투병하다 생각지도 못했던 과일 장사를 한다며 지금도 환자 모습이다. 말수도 적고 아등바등하지 않으며 느긋하다. 일요일과 공휴일은 물론 아침부터 비가 많이 오거나 몹시 추운 날은 나오지 않는다. 아직도 그 눈은 꿈꾸는 남자 같다. 항상 웃으며 욕심 없는 편안한 얼굴이다. 가끔 운전석에 앉아 책을 읽는 모습도 눈에 띈다. 생활이 고달파도 건강을 챙길 수 있는 자유업이니 자기는 더 바랄 게 없단다.

나를 돌아본다. 생활전선에 시달리지 않는다고 해서 내 생활에 만족하고 있었는지. 철부지로 뛰어다니며 나물 캐러 다닐 때가 내 인생의 봄이 아니었나. 나물을 캐듯 내 마음을 들여다보며 갈고 닦고 다듬었더라면. 일찍이 시장 사람들처럼 치열하게 부딪치며 살았더라면. 아쉬움이 남지 않는 삶이 어디 있겠냐만, 온종일 나물을 다듬으며 쪼그리고 앉아 있는 노점상인들을 보면 저절로 그런 생각이 든다. 오늘도 태양은 나를 기다려주지 않고 서둘러 넘어가니 말이다.

달착지근한 냉이무침, 쌉싸래한 씀바귀, 모처럼 모시조개를 넣고 끓인 쑥국이 저녁식탁에 봄을 성큼 불러들인다. 게다가 트럭 아저씨한테서 사온 빨간 딸기까지 곁들이니, 새콤달콤한 그 맛이 행여 봄맛인가 한다.

개구리가 꿈틀거린다는 날, 들에서 맞은 봄을 시장에서 달래고 있었다. 함께 들로 산으로 뛰어다니던 친구들을 생각하며. (2015. 3)

21세기 블루오션의 수필쓰기와 문학성

• 낯설게 하기

수필은 환상의 성(城)을 짓는 일과 같다. 그곳에는 역사, 사회, 철학은 물론 음악, 미술, 공예, 건축 등의 모든 예술이 녹아 있어야 한다. 수집해 온 수석(壽石)들이 제각기 다르고 봄비를 맞은 새싹들이 나날이 새로운 모습으로 숨쉬며 자라듯이 오늘은 어제와 다르며 분명 내일도 오늘과 다를 것이다. 마찬가지로 수필가들도 과거의 고정관념이나 경직성에서 벗어나 시대적 요청에 부응하며 현시대에 맞는 새로운 수필쓰기에 전념해야 한다.

오늘날 수필이 매도되고 폄훼되는 현실이 안타깝지만 수필가 자신들도 문학적 미로를 찾기 위해 끊임없이 상상력을 고취시켜야 한다. 세계를 하나의 거대한 미로로 보았던 뒤렌마트

(Friedrich Dürrenmatt)는 미로에서 벗어나려면 어린아이가 되어야 한다고 했다. 이는 유아의 천진함, 즉 창조성을 일깨워 주는 말이다. 다시 말해 천진함이 없으면 미로에 갇히게 되고 이것이 수필의 운명과 같다는 것이다.

수필문학의 질적 저하를 염려하는 목소리가 크다. 과연 수필문학에 대한 이런 질시를 벗어나는 길은 무엇일까. 문제는 외적 요인보다 수필을 창작하는 작가 자신 즉 내적 요인이 더 크다는 데 있다. 그러므로 수필작가는 마땅히 변화에 민감해야 하고 새로운 수필쓰기에 보다 정성을 쏟아야 한다. 문학의 정체성 찾기와 실험정신은 그 길이 될 것이다. 이제부터라도 수필쓰기의 형식과 내용에 대하여 실험적 모색이 있어야 한다. 수필창작의 '낯설게 하기'는 그 좋은 예가 될 것이다. 낯설게 하기라는 실험적 방법은 시대정신과 역사적 환경에 대처하는 길이다. 수필은 문학의 연습장도 도피처도 아니다. 예술의 각 장르들이 기존의 자신의 고유함을 해체하고 다른 것과 합쳐지며 대안을 모색하듯이, 수필도 다른 장르와 조합, 조화시키면서 새로운 어울림의 문학으로 그 영역을 넓혀나가야 한다. 시, 소설, 수필, 희곡, 평론 등이 하나의 문학 장르이다 보니 호환은 물론 서로 그 범주를 넘나들 수 있는 것이다. 그 길은 미래에 대한 도전이다.

'낯설게 하기'는 러시아 형식주의자들이 처음으로 사용한 용어이다. 하나의 문학적 장치에 한정적으로 사용하기보다는 오히려 예술 일반의 기법과 관련된 용어로 보는 편이 더 옳다. 일상화된 우리의 지각은 자동적이며 습관적인 틀 속에 갇혀 있게 마련이다. 특히 일상적 언어의 세계는 이런 자동화에 의해 애초의 신선함을 잃은 상태이고 자연히 일탈된 언어 세계인 '문학언어'와는 본질적으로 다를 수밖에 없다. 즉 일상적 삶과 사물은 본래의 의미를 상실한 채 퇴색돼 가고 있다. 예술은 바로 이런 자동화된 인식의 틀을 깨고 낯설게 하여 사물에게 본모습을 찾아주는 데 그 목적이 있다. 낯설게 하기란 그런 점에서 오히려 형식을 난해하게 하고 지각에 소요되는 시간을 연장시킴으로써 한 대상이 예술적임을 의식적으로 경험하게 하는 양식인 셈이다.

사람들은 낯선 것을 보면 신기하게 생각하고 이것이 무엇인지 살펴보지만 이미 알고 있는, 낯익은 것은 별로 흥미를 느끼지 못한다. 부언하면 낯선 것은 주의를 집중시키고 낯익은 것은 관습적으로 지각한다는 것을 알 수 있다. 문학언어와 일상언어를 구분해 주는 차이도 여기에 있다. 익숙해진 일상언어는 정보 전달을 목적으로 하는 언어가 대부분인데 비해 낯선 문학언어는 일상적인 언어를 지각하는 방식으로 접근해서는 도저히 이해될 수 없는 성질의 것이다. 일상언어가 내용에만 관심이 있다면 문학언어는 형식 자체에 주의를 집중시키게 한다. 일부 문학에 편견을 가진 사람들은 낯선 언어가 사용되는 것은 형식주의이며, 지적 유희에 지나지 않는다고 생각한다. 하지만 문학에 '낯설게 하기' 기법이 도입되는 이유는 일상언어로는 경험할 수 없는 충격적인 것을 생생하게 전달하기 때문이다.

현대 소설에 있어 두드러진 현상 중 하나가 형식적 정형에 대한 거부와 해체의 움직임이라고 한다면, 낯설게 하기는 이론적으로 이런 해체적 성향의 소설과 아주 밀접한 관계에 놓이게 된다. 우리의 소설사 속에서도 최인훈의 『총독의 소리』, 『서유기』 등 실험적 소설과 조세희의 옴니버스 연작 소설 『난장이가 쏘아올린 작은 공』, 이인성의 『낯선 시간 속으로』 등은 이와 같은 낯설게 하기의 기법이 두드러지게 구사된 예로 제시할 수 있다.

우리는 21세기 작가다. 21세기란 시대 변화는 다분히 미래에 대한 예측이 불가능하다. 아울러 현대는 대량 생산의 시대다. 세속화 현상이 세계를 지배하면서 악화가 양화를 구축하듯 예술성보다는 대중적 가치가 더 관심을 끌고 있다. 아무리 시대가 이를 요구한다 해도 분명한 것은 예술 그 자체의 순수성일 것이다. 수필문학에서의 '낯설게 하기'는 바로 그 순수를 지키는 길이 될 것이다. 그 길은 수필이 미래문학으로 발돋움하게 되는 일이요, 문학의 위기라는 담론이 무성한 이 시대에 '순수만의 성을 쌓는 일'이 될 것이다.

• 수필의 문학성과 상상

문학은 언어의 예술이다. 문학이 같은 언어를 표현 매체로 하는 다른 학문과 구별되는 것은 문학작품이 갖는 문학적 예술성, 즉 문학성에 있다. 그러면 문학이 준거하는 예술은 무엇인가? 한마디로 요약하면 문학성은 '미적 가치 창조와 미적 표현 행위'라 할 수 있다. 물론 문학의 표현 대상의 방대함과 다양성에 비추어 이런 단순 논리만으로 문학 예술성을 규정하기는 어려우나, 다른 비문학적인 문장으로부터 그 독자성을 인증하는 기본 개념인 것만은 확실하다. 그러므로 비문학적인 문장, 이를테면 철학 논문이나 역사적 기록이 문학이 될 수 없는 것은 그것이 소설이나 시와 같은 문학적인 형식을 갖추지 않았다는 이유보다도 그 논문이나 기록에는 문학성 즉 '미적 창조'와 '미적 표현'이라는 예술적 기본 요소가 없기 때문이다.

문학 중에서도 그 형식이 애매한 수필의 문학성은 어떤가. 수필은 문학과 문학 아닌 여타의 문장 사이에서 그 문학적인 지위가 매우 불안정한 장르로 다루어지고 또 그런 통념에 의해 행세되고 있는 것이 오늘날 수필 문장의 현실이다. 즉 수필이 갖는 무형식성과 제재(題材)의 다양성에서 오는 탈문학적인 성향을 무비판하게 확대 수용하고 있다. 그런가 하면 자기 고백적인 사유의 문장이라는 성격에 의지하여 예술의 작품성을 도외시하고 치졸한 감상과 공소한 정서의 나열만을 일삼고 있는 게 수필 문단의 현실이다. 그러므로 수필의 문학적 지위를 정립하기 위하여 무엇보다 선행되어야 할 과제는 문학수필의 독자적인 위상을 확보하는 일이다.

수필이 문학예술인 이상 중심 개념의 '미'는 인간의 감성적 대상에서 오는 순수한 내적 쾌감을 말한다. 이는 개인적인 이해나 당위성과 같은 이지적인 판단을 떠난 순수한 정신적 가치로써의 쾌감을 뜻한다. 이것은 특히 문학수필에 있어 제재의 미적 형상화와 관련하여 문학성을 규명하는 선언적인 개념이 된다. 그리고 예술의 구체적인 행위 개념이 되는 '미적 창조와 미적 표현'은 예술의 창조 행위가 표현 수단에 의해 이루어지는 것인 만큼 이를 구분할 필요는 없을 것이다. '창조'와 '표현'의 개념을 '내용'과 '형식'의 범주로 나누어 생각하는 관점도 있으나 문학성을 논의하는 데 그와 같은 규격적인 분류는 적합하지 않을 수도 있다. 문학의 내용은 반드시 미적 가치만을 다루는 예술이 아니다. 내용의 구성과 표현의 디테일이 갖는 이미지가 곧 문학성의 가부를 결정짓는 요소가 되기 때문이다. 한마디로 문학성이란 문학 작품의 내용이 갖는 형식미라고 할 수 있다.

그 예는 찰스 램의 에세이 「굴뚝 청소부 예찬」에서 알 수 있다. 어린 청소부를 과장된 표현으로 미화한 글이다. 작품에 동원된 제재들의 절묘한 짜임새가 램의 휴머니티에 실린 청소부들의 이미지를 새로운 모습으로 형상화시키는 데, 얼마나 요긴한 작품성 구실에 기여하고 있는가를 짐작하게 된다. 이것이 곧 '미적 창조'의 경지이다.

'영국 출신이되 꼭 아프리카 토인처럼 까만 이 아이들 - 뽐내지 않고 검은 제의(祭衣)를 입고서 섣달 아침 살을 에는 바람을 맞으며 그 작은 제단(祭壇)인 굴뚝 위에서 인류에게 인내의 교훈을 설파하고 있으니 아기 목사님들이라 해야 할 이 아이들을 나는 존경한다.' (양병석 옮김)

이 한 문장의 제재가 갖는 주제성을, 이만큼 적실한 비유로 형상하기란 쉬운 일이 아니다. 추종할 수 없는 창조와 표현미의 예술적 경지가 아닐 수 없다. 이것이 바로 수필의 문학성이다.

다음은 문장 구사력에 의한 미적 표현인데, 물론 미문(美文)을 뜻하는 것은 아니다. 이른바 미문이 미적 이미지나 감동을 수반하기도 하지만, 그것은 형상화하고자 하는 내적 이미지나 감동과 적실하게 부합했을 경우의 이야기이다. 미사여구에 의해 분장된 미문은 생명 없는 조화(造花)처럼 공소한 글일 뿐이다.

'묻노니, 친구여 영원은 없는가? 진실로 땅 위에서 영원한 것은 없는가? 영원을 살아 온 목숨도 없고, 영원을 가는 언약도 맹세도 없단 말인가? 유한의 목숨이여, 영원이 없다는 절대성으로 그래서 우리에겐 늘 신선한 출발이 주어졌는가?'

어느 시인의 수필집 표제작에서 뽑은 한 문장이다. 하지만 램의 문장과는 대조를 이룰 만큼 내용이 공소한 관념어 나열에 불과하다. '영원·유한의 목숨·절대성·신선한 출발'과 같은 관념어로 필자 나름의 철학적 사유를 미적으로 표현한 글이지만 빈 깍지의 글이라고 할 수 있다. 내용은 차치하고 문장 자체가 형상미를 지니지 않음으로 문학성이 희박하다. 형상미는 램이 어린 굴뚝 청소부를 '영국 출신이되 꼭 아프리카 토인처럼 생긴 이 아이들'이라고 한 것이나, 그들이 일을 하기 위해 올라가는 굴뚝 위를 '그들의 작은 제단'이라고 한 표현이 풍기는 야릇한 미적 이미지와 같은 것이다. 그 기발한 표현미와 함께 램의 애정 어린 관조의 세계가 절로 느껴진다. 문학성은 직설적인 것보다 비유나 상징의 기법이 효과적이고 비유에서도 직유보다는 은유법이 보다 격이 높다고 할 수 있다.

문학의 생명은 독자의 감동에서 나온다. 작품의 감동은 독자를 사로잡는 유일한 힘이다. 독자는 문학적 수필을 읽으며 작품 속의 주인공이 되어 있는 자신을 발견하게 되고 작가의 체험적 사실에도 공감하고 감동할 수가 있다. 하지만 수필의 문학성은 뛰어난 작가적 상상력이 제대로 발현될 때 성숙한 문학적 성공을 거둘 수 있다. 특히 체험 수필일 경우 독자는 작가와 온전히 하나 되는 상상 가운데 작품 속으로 빠져들 때에만 감동을 받는 것이므로 수필문학에서의 상상력은 허구적 소설보다 훨씬 차원 높은 것이어야 한다. 그럴 때 독자는 비로소 수필의 힘을 문학성으로 느끼는 것이다.

시나 소설보다 수필에서의 상상은 밀도가 높은, 작가의 심오한 철학적 의미까지 내밀하게 품는다. 입으론 한마디 말도 하지 않으면서 가슴에서 가슴으로 전해질 수 있는 무수한 말처럼 수필의 상상은 작가의 마음에서 독자의 마음으로 소리 없이 오가는 것이다. 그래서 시의 이미지보다 그 상상은 독자의 가슴속을 더 깊이 파고들 수 있다. 한 방울 물이 바위를 뚫는 것 같은, 소설이나 시의 질량과는 다른 힘, 그게 수필에서의 상상력이다.

자연과 삶을 관조하고, 뛰어난 문장 구사와 적확한 어휘의 사용 및 적절한 비유, 섬세한 감수성 그리고 무엇보다 글 속에 실린 풍부하고 절실한 언어들이 독자의 가슴에 빛살처럼 꽂혀갈 때 한 편의 수필은 어떤 위대한 힘 이상으로 독자를 감동시킬 수 있는 것이다. (2014. 4)

참고 문헌
한상렬의 「수필에서의 허물벗기와 미로 찾기」
박재식의 「수필의 문학성과 문체적 특성」
수필학 - 제18집/ 윤재천/ 한국수필학회/ 2010 중 최원현/ 수필의 문학성과 사상

음춘야 수필집
안과 밖

2019년 11월 25일 초판 인쇄
2019년 11월 30일 초판 발행

지은이 / 음춘야
발행인 / 강병욱

발행처 / 도서출판 교음사
편집 / 隨筆文學社 出版部

03147 서울 종로구 삼일대로 457 수운회관 1308호
Tel (02) 737-7081, 739-7879(Fax)
e-mail : gyoeum@daum.net

등록 / 제2007-000052호

* 잘못된 책은 바꿔 드립니다. 값 12,000원

ISBN 978-89-7814-760-6 03810

이 도서의 국립중앙도서관 출판예정도서목록(CIP)은 서지정보유통지원시스템 홈페이지(http://seoji.nl.go.kr)와 국가자료공동목록시스템(http://www.nl.go.kr/kolisnet)에서 이용하실 수 있습니다.(CIP제어번호 : CIP2019048069)